# 知らないと損する うっかり相続のワナ

「うっかり」を
「ちゃっかり」に変える
相続の新常識!

相良信一郎　相続鑑定士

ビジネス社

# はじめに

相続は、多くの人が人生で一度は直面します。

相続とは、誰かが死亡したときに、その財産を別の誰かが引き継ぐことをいいます。

生きていれば、誰もがいずれ亡くなります。相続は決して他人事ではありません。

もし、あなたの親、配偶者や兄弟姉妹《ていけいしまい》が亡くなったら、あなたは相続をする立場になります。そして、いずれあなた自身が亡くなったときには、配偶者やお子さんに相続させる立場になります。

私たちは誰もが人生のなかで、亡くなった人の財産を相続する立場（相続人）と、相続させる立場（被相続人）を経験するのです。

そのため、いざ相続が起きたときに極力モメることがないように、事前にいかに相続対策をしておくかが、とても大事になってきます。

相続の話をするときに誰もが気にするのは、相続税のことです。相続財産が多いと、「相続税」という税金がかかります。

いくら財産があれば相続税がかかるのか。

そのラインは〝法定相続人〟の数によって異なります。法定相続人が1人の場合は3600万円以上、2人だと4200万円以上の財産があるときに、相続税がかかる可能性が出てきます。

この相続税をできるだけ少なくするために、節税を促す本が数多く出版されています。節税策をとれば支払う相続税をグンと減らすことができるからです。

本書でも、節税策について触れます。

ですが、本書は「ちゃっかり節税に励みましょう！」と節税テクニックだけを伝授する本ではありません。

〝相続でモメないようにするためにはどうしたらいいか〟に主眼を置いています。

私は年間170件の相続を見ていますが、これだけは確実に言えることがあります。

**「節税だけに気を取られていると、相続対策は大失敗する！」**

そうです。相続対策は、節税することだけではないのです。

相続対策が節税だけでいいと思っていたら、大きな落とし穴にはまり、「うっかり相続」をしてしまうことになります。

モメない、トラブルのない相続こそが、真の「ちゃっかり相続」なのです。

私は、ちゃっかり相続を目指すためには、次の順序で「相続対策」を行う必要があると考えています。

> **(1)争族対策**（相続で親族などの相続人とモメないようにする）
> **(2)納税対策**（相続税を払えるだけの現金を確保する）
> **(3)節税対策**（相続税を減らすための策を講じる）

つまり「**ちゃっかり相続**」**をするためには、争うことなく財産を分けて**（争族対策）、**相続税を支払う資金を事前に準備しておき**（納税対策）、**相続税の額を必要最小限に抑える**（節税対策）**ことが必要**だということです。

(1)の**争族対策**は特に重要です。

私はこれまでに、相続が発生するまでは仲の良かった親族が、相続がはじまった途端に憎しみ合う姿を何度も見てきました。実の親子や兄弟姉妹が財産をめぐって醜い争いを繰り広げるのは、サスペンスドラマのなかだけではないのです。

「自分の親族はそんなことにはならない」と信じている人ほど、危険かもしれません。

例えば財産を引き継ぐ相続人が子供たちの場合、兄弟姉妹全員に平等に同じように財産を残すことは難しいでしょう。財産内容によっては平等に分けられないものもありますし、子供たちそれぞれ性格も違い、親子といえども相性の良しあしもあります。

それなのに、法律の定める法定相続分（相続割合）は「兄弟姉妹で均等に」です。何らかの対策をしておかなければ、モメてしまうのは当然だと思いませんか？

ついでにいうと、もし親族間で争い合ったり、相続人同士の仲が悪ければ、⑶の節税対策もスムーズにいきません。お互いに譲り合わなければ、使える節税の優遇措置も使えなくなってしまうからです。だから、まずは争続対策をすることをおすすめします。

⑵の**納税対策**も当然必要です。

一定以上の財産があれば相続税を払わなければなりません。だから納税のための現金を確保しておく必要があります。

資産価値のある土地などの財産は残してもらったものの、税金を払う現金がないためにせっかくの財産を売らなければならないのは悲劇でしかないでしょう。また、相続税の節税に励むあまり、納税資金の用意をおろそかにしてしまう本末転倒なケースも時折見かけます。これは、実に残念だと言わざるを得ません。

自分はどれくらいの相続税を払う可能性があるのかを事前に確認して、その分の現金は準備しておきましょう。

(3)の**節税対策**は、資産がある人がもっとも興味を持っていることだと思います。ですが、争族対策、納税対策の両方を整えることが先決です。節税対策はその後です。節税対策はしたけれど、争族対策を怠《おこた》っていたことで混乱を招いて大いにモメた、節税は成功したけれど、納税資金が足りなかったために土地を安く売らなければならなくなった、などの例は枚挙にいとまがありません。

逆に、節税対策ができなくて損をしたと思いきや、後になって「変に対策をしなくてよかった」となるケースもあります。だから相続対策として優先させていただきたいのは、争族対策と納税対策なのです。

多くの人は死について無頓着《むとんちゃく》です。

相続なんて遠い未来の話だとして考えるのを後回しにしたり、人の死にかかわることだからと心理的にタブー視して相続の話を避けてしまいがちです。

でも、人はいつどうなるかわかりません。

新型コロナウイルス感染症によって、世界中で何万人、何十万人もの死者が出ている今、突然の別れも他人事とはいえなくなってきています。

予期しないことがあっても戸惑わないように、生前の準備、死後の準備をできるだけ早くしておくことが、あなた自身、そして周りの人々を救います。

そのために役立てていただけるよう、本書では「うっかり相続」を「ちゃっかり相続」に変える、相続の新常識をお伝えします。

相続対策の優先順位にそって、「争族対策」「納税対策」「節税対策」の順に、基本的な考え方から、何をどう備えたらいいのか、それぞれの対策について私の豊富な実務経験を踏まえて紹介していきます。

ただ、相続は一人ひとり違います。残す財産も、親族や家族の構成も、被相続人の意思も、相続人の考えも違います。ですから本書の事例が、そのまま当てはまらないことも多々あるはずです。

「自分の場合はどうなるんだろう?」と具体的に知りたくなったら、ぜひ頼れる相続の専門家に相談してください。

2021年6月　相良信一郎

※本書に記載した内容は2021年5月現在のものです。発行後に税制等が変更する可能性もありますので、より正確な情報については税理士等に相談することをおすすめします。

## 第1章 図解で分かる！あなたはどれだけ遺産をもらえるのか

## 第2章 親族間のトラブルを防ぐ遺産の分け方―争族対策―



## 第3章 「困った。払えない!」を回避するための資金確保―納税対策―

## 第4章

# 相続税で損をしている人が9割!?
## ――節税対策――

# 第5章

# 生きているうちにしっかり確認！相続トラブルの「5大爆弾」

# 第6章
# 40年ぶりに相続法が大改正

## 第7章　今すぐ知りたい相続トラブルQ&A

# 第1章

図解で分かる！

# あなたはどれだけ遺産をもらえるのか

# モメない相続はない

## あらゆる相続に火種はある

私はこれまでに数々の相続の相談を受けてきました。現在も年間で170件程の相続相談に乗っています。腕のいい税理士でも1年間で10件程度といわれることもあるので、相続に関してはかなり実績があると自負しています。

その経験をもとに率直に言わせていただくと、**モメない相続というものは存在しません。**

もっとも多いのは、親族間でのモメごとです。

「**ウチは財産が少なくて、相続税がかからないからモメないよ**」という人がいるかもしれません。

確かに、相続税は亡くなった人すべてに課されるわけではありません。2015年以降亡くなった人のうち相続税がかかる人の割合は約8％で、約92％の人は相続税はかかりません。2019年は8・3％で、約12人に1人の割合でした。

相続のことでモメるのは、このような相続税を支払わなくてはならないほどの財産がある約８％の人たちだけではありません。

相続争いで裁判になっているのは、相続財産が億単位の人たちよりも、相続財産の総額が５０００万円以下で相続税がかからない人たちのケースが圧倒的に多いのです（それ以上の資産のある層は日ごろから税理士などと接する機会が多いため、対策ができていることが多いのだろうと私は考えています）。

ここに子供の大好きなチョコレートがあったとしましょう。板チョコ１枚を分けるときよりも、チョコレートの小さなひとかけらを分けるときのほうが、ケンカをせずに分けることが難しい、必ず誰かに不満が出てしまう、というのと同じような心理です。

「相続税がかからない＝モメない」という構図ではないのです。

「**遺言書があるから大丈夫だよ**」という人がいるかもしれません。

いいえ。何が書いてあるかわからない遺言書は〝相続〟を〝争族〟という親族間の争いに発展させる爆弾になりかねません。

例えば、Ａさんは遺言で「孫に全額を相続させる」と書き残していました。

Ａさんには３人の子供（長男・長女・次男）がいて、孫は１人（長女の子）だけでした。

この遺言書がきっかけで、孫の親である長女と、子供がいない長男次男とでモメてしまう事態になりました。長男と次男は、Aさんの財産を当然もらえると思っていたのに、最後の最後で存在を無視されてしまい、感情がおさまらなかったのです。

**「家族の仲が良いから、相続のときも子供たちはモメないよ」**という人がいるかもしれません。

いいえ。「うちの子供たちは仲が良い」と被相続人の立場となる親世代は思い込んでいても、子供たちが遺産をめぐってにらみ合うケースはいくらでもあります。

相続人になる子供にとって、親の財産を相続する時期は、子供（孫）の進学、リフォーム、健康問題などで何かとお金のかかる時期に重なる可能性が高く、お金はあればあるだけ欲しいため、仲の良かったはずの兄弟姉妹でもモメてしまいやすいのです。

また、モメる原因となるのは親族間の争いだけではありません。

節税対策を何もせずにいると、財産があればあるだけムダに相続税を支払うことになってしまい、大損をすることになります。

もちろん税金はきちんと払わなければなりませんが、知識があれば支払うことを回避できた税金を払わなければならない。これはもったいない気がしませんか。

相続に関する基礎的な知識があり、そして相続についてきちんと話し合いができていたら、なんらかの相続対策を講じることができるため、決して大損をすることはありません。

**相続は、知識があるとないとでは大きな差が出ます。**

「もし節税対策をしていたら、支払う相続税は半分でおさえられたのに！」

「借金があったなんて聞いてなかった！　借金まで相続しなければならない。どうしよう」

「自分だけの判断で売ることができない土地を相続することになってしまった。相続税を払うための現金がない！」

「いつの間に法改正されていたの⁉　法改正を知っていたら、争うことなくスムーズに相続できたのに」

これらのことは、事前に相続の基礎知識を学んでいたら、回避できたことです。

あらゆる相続にモメる火種はあります。

あなたの相続がモメないという保証は、どこにもありません。

だから他人事ではなく自分事として捉えて、「ちゃっかり相続」を目指して相続対策をしていただきたいです。

## 「ちゃっかり相続」に近づく、3つの相続税対策

「はじめに」で、「ちゃっかり相続」をするためには、3つの相続対策を行うことが大切だとお伝えしました。

(1)争族対策（相続で親族間でモメないようにする）
(2)納税対策（相続税を払えるだけの現金を確保する）
(3)節税対策（相続税を減らすための策を講じる）

相続対策では、この3つの対策のバランスがとても大切です。

節税対策をしたのに納税対策と争族対策に失敗した例を見てみましょう。

Bさんは「借金をして不動産を買うと節税になる」と聞いて、預貯金のほぼすべてを投じて高額なマンションを買いました。

Bさんが亡くなったとき、確かに相続税は減りました。しかし残された息子3人は、「このマンションを誰がどれだけ相続するか」について遺産分割でモメることになりました。

マンションが高額な分、相続税は高額です。残された預貯金がほぼない状態ですから、納税資金が足りず、マンションを売ったお金で相続税を払うしかない状況に陥《おちい》ります。

また、全員で3分の1ずつ取得をして、3人で売ったらいいのですが、三者三様に考えがあるため、そんなに簡単に協議はまとまりません。

このケースの場合は、節税対策をする前にBさんが息子3人に相談したり、「遺言書に遺産分割について書きたいのだけれど、この分け方でいいか」などと確認して争族対策をしていれば、モメることはありませんでした。

このように経済的利益だけを考え、節税だけに偏った相続対策は、一歩間違えると地獄を見ます。相続対策は、バランスを崩さないように進めていかなければなりません。

本書では「争族対策」「納税対策」「節税対策」の3つの相続対策についてお伝えしていきます。

しかし、いきなり「基礎控除を使おう」「小規模宅地等の特例を使って節税してください」などと言っても、何のことやらわからない、という人もいらっしゃるでしょう。

そのため、相続対策をお伝えする前に、本章ではまずベースとなる「相続の基礎知識」をお伝えします。すでにご存じの人は読み飛ばして、次章からお読みください。

# 必ず押さえておきたい相続の基礎知識

## 相続の対象となる財産

相続とは、誰かが死亡したときに、その財産を引き継ぐことです。

亡くなった人を「**被相続人**」、財産を引き継ぐ人を「**相続人**」といいます。

相続の基礎知識として、必ず押さえておきたいのは、次の5つです。

・相続の対象となる財産
・誰が遺産を相続するのか
・誰がいくら相続するのか
・どれくらい遺産があると相続税がかかるのか（基礎控除）
・相続税の計算方法

ではまず、どんな財産が相続財産となるのかを見ていきましょう。

被相続人から相続人に引き継がれる〝**相続財産**〟には、次のようなものがあります。

・**現金、有価証券**…現金、預貯金、株式、出資金、配当金、貸付金、売掛金、小切手など
・**不動産**…………宅地、農地、山林、居宅、店舗、事務所、借地権、借家権など
・**動産**……………自動車、船舶、家財、美術品、骨董品、貴金属など
・**その他の財産**……ゴルフ会員権、配当を受け取れる権利、保険の積立金を解約したら受け取れる権利など

また相続する財産はプラスのものばかりではありません。借金なども引き継ぐことになります。

・**マイナスの財産**…借金、買掛金、住宅ローン、未払いの税金、慰謝料、損害賠償金など

## 誰が遺産を相続するのか

〝**相続の方法**〟は、主に次の3種類です。

⑴被相続人の遺言どおりに受け取る「**遺言による相続**」。

⑵民法で定められた〝法定相続人〟が、民法で定められた〝法定相続分〟に従って相続する「**法定相続**」。

⑶相続人が話し合って相続財産の分割方法を決める「**遺産分割協議による相続**」。

遺言書がある場合は、原則として⑴の遺言書のとおりに相続することになります。

遺言書がない場合は、⑵か⑶の相続方法を選択することになります。

相続人になる回数は人によって違います。

例えば、自分が妻の親の〝養子〟になっている場合は、自分の両親が亡くなったときだけでなく、義理の両親が亡くなった場合も相続人になります。また、不幸にもお子さんが未婚のまま先に亡くなった場合は、親である自分が相続人になります。

また相続は、ドラマのようなことも起こります。

私の知人に、ある日突然、海外から電話がかかってきて「20数億円の相続があります」と言われた人がいます。それまでまったく付き合いのなかった親戚が知らないうちに海外で財を成し、独身のまま事故で亡くなってしまったというのです。そんな思いもよらないことが起こるのが相続なのです。

ではどういう場合に、自分が相続財産を受け取る「相続人」になる可能性があるのかを見ていきましょう。

23ページで示した相続方法のケース別に見ると、⑴の〝遺言による相続〟の場合は、遺言に財産を引き継がせたいと指名された人、いわゆる「受遺者《じゅいしゃ》」が相続人となり、相続財産を受け取ります。

⑵の〝法定相続〟の場合は民法で定められた「法定相続人」が相続人となります。

⑶の〝遺産分割協議による相続〟の場合は、話し合いで決まった相続財産を受け取る人が相続人となります。

「法定相続人」は民法で相続する権利を有すると決められているため、強制力が強いと思われている人が多くいます。でも、法律で決められているからといって、法定相続人以外の人は相続できないのかといったら、そんなことはありません。

遺言書で財産を受け取る人として指定された「受遺者」は、法定相続人以外の人だとしても遺産を相続することができます。

また、法定相続人は必ずしも財産を受け取らないといけないわけでもありません。

例えば、被相続人の配偶者と長男、長女の計3人が法定相続人だったとします。ですが、もしも長男が相続放棄した場合は、実際に相続をするのは配偶者と長女となります。

ただしこのとき、実際に遺産を受け取るのは配偶者と長女であったとしても、法定相続人の数は配偶者、長男、長女の計3人で変わりありません。そのため、「相続人ではないが法定相続人ではある」という人が発生することがあるのです。

つまり、**法定相続人は「相続する権利を有する人」**のことで、相続放棄などにより実際には財産を相続しなくなったとしても法定相続人となります。**相続人は「実際に財産を相続する人」**のことをいいます。相続放棄をした人は相続人には該当しないということになるのです。

「法定相続人」は、相続税の計算をする上で、非常に大切になってきます。法定相続人の数によって、相続税がかかるか、かからないかを判断する基礎控除額などが変わり、相続税がかかる財産額のラインが変わるからです。

## ▼法定相続人とは？

どういう人が「法定相続人」になるのか、整理してみましょう。

法定相続人の範囲と優先順位を（図1）にまとめました。

法定相続人になる人には優先順位が決められています。被相続人に配偶者がいた場合は常に配偶者が法定相続人となります。ただし、それ以外の血族（子供、父母、兄弟姉妹）には優先順位があります。優先順位の上位者がいる場合には、下位の人は法定相続人になることができません。

被相続人に親族や自身を当てはめてみると、誰が法定相続人になるのかわかりやすいの

図1

## 法定相続人の範囲と優先順位

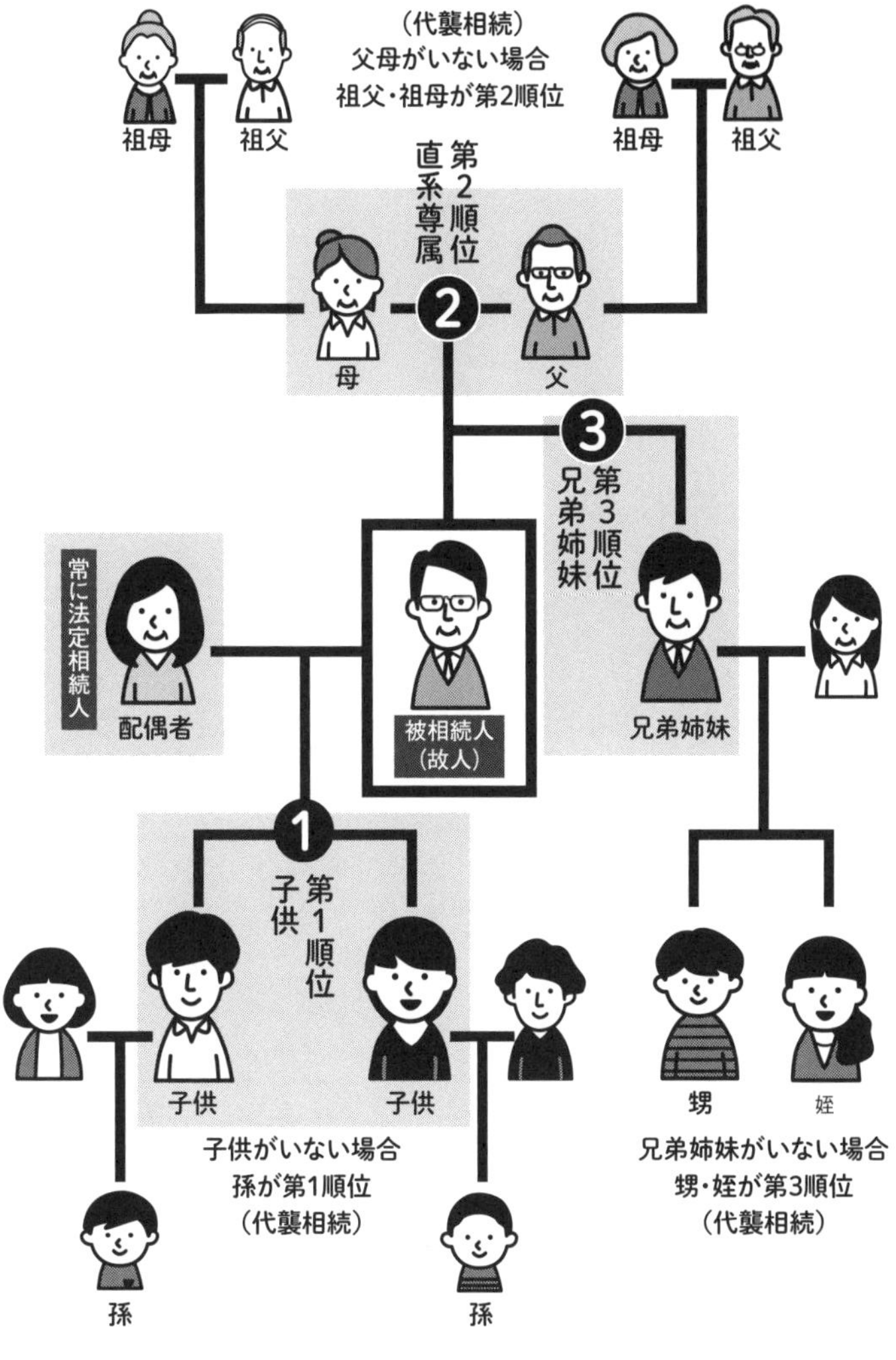

ではないかと思います。

配偶者がいる場合は、配偶者はどんなときも法定相続人になります。

子供がいる場合は、第1順位の「子供」と「配偶者」が法定相続人。

子供がいなかった場合は、第2順位の「直系尊属《そんぞく》（父母）」と「配偶者」が法定相続人。

子供と父母がいなかった場合は、第3順位の「兄弟姉妹」と「配偶者」が法定相続人。

というように、相続人の順位が決まります。

**代襲《だいしゅう》相続とは？**

もしも被相続人が亡くなったときに、本来法定相続人となるはずであった被相続人の子供がすでに亡くなっていた場合には、その子供の子（孫）が法定相続人となり、相続を引き継ぎます。これを「代襲相続」といいます。

そして、被相続人に子供も孫もいなかった場合には、法定相続人は配偶者と第2順位である直系尊属（父母）へと移ります。父母も祖父母もいなかった場合は、第3順位である兄弟姉妹が法定相続人となります。そこでも兄弟姉妹がすでに亡くなっていた場合は、その人の子、つまり被相続人の甥《おい》・姪《めい》が代襲相続人になるのです。

ちなみに、直系親族（子供）の場合は、孫、玄孫（再代襲）と何代でも引き継ぐことができます。被相続人の兄弟姉妹が法定相続人となっている場合の代襲相続人は、その兄弟姉妹の子供までです。

**離婚している場合はどうなる？**

たまに、離婚歴があって、「別れた前妻（夫）は相続人じゃないよね？　一銭もお金をあげたくないんだけど」と心配している人がいらっしゃいます。配偶者は法定相続人となるため、心配になってしまうのでしょう。

結論から申し上げると、離婚した前妻（夫）には相続権はありません。

ただし、離婚した前妻（夫）との間にできた子供には、相続権があり、第1順位の法定相続人となります。その子供が成人していれば本人に直接渡せるので、前妻（夫）には1銭も渡されませんが、相続発生時にその子供が未成年だった場合は、その子供の親権者に特別代理人としてお金が渡る可能性があります。

## 誰がいくら相続するのか

誰がどれくらいの遺産を相続するのかは、遺言書があれば基本的にそれに従います。

遺言書がなかった場合、誰がいくら相続するのかは話し合いによって決めることになります。けれど、それではモメる可能性が高いため、民法では、遺産を誰がいくら相続するかについての規準が決められています。

この民法によって定められた相続割合の規準を「法定相続分」といいます。法定相続分をまとめると（図2）のようになります。具体的にどのように分けるのかを見ていきます。

**ケース1**（図3）**法定相続人が「配偶者」と「子供」**（**第1順位**）

この場合の法定相続分は、配偶者は相続財産の2分の1を受け取り、子供は残りの2分の1を、人数に応じて均等に分割して受け取ることになります。

**ケース2**（図4）**法定相続人が「配偶者」と「父母」**（**第2順位**）

この場合の法定相続分は、配偶者は相続財産の3分の2、父母は残りの3分の1を人数に応じて均等に分割します。

## 図2

### 法定相続人と法定相続分

| 配偶者 | 子供 | 父母 | 兄弟姉妹 | ⇒ | 法定相続人と法定相続分 |
|---|---|---|---|---|---|
| いる | いる | いてもいなくても | | ⇒ | 配偶者$\frac{1}{2}$、子供$\frac{1}{2}$ |
| いる | いない | いない | | ⇒ | 配偶者が全部 |
| いる | いない | いる | いてもいなくても | ⇒ | 配偶者$\frac{2}{3}$、父母$\frac{1}{3}$ |
| いる | いない | いない | いる | ⇒ | 配偶者$\frac{3}{4}$、兄弟姉妹$\frac{1}{4}$ |
| いない | いる | いてもいなくても | | ⇒ | 子供が全部 |
| いない | いない | いる | いてもいなくても | ⇒ | 父母が全部 |
| いない | いない | いない | いる | ⇒ | 兄弟姉妹が全部 |

### ケース3（図5） 法定相続人が「配偶者」と「兄弟姉妹」（第3順位）

この場合の法定相続分は、配偶者は相続財産の4分の3、兄弟姉妹は4分の1を人数に応じて均等に分割することになります。

## ▼法定相続人と法定相続分の知識がなかったことで大損をしたケース

ここまで説明してきた法定相続人と法定相続分の相続知識がなかったばかりに、思いどおりに財産を残すことができず1000万円の大損をしたケースがありますので、ご紹介します。

Aさんは、妻と二人暮らしで子供はなく、親族とは疎遠でした。

Aさんは財産の全部を妻に相続してもらいたい

図3

配偶者と子供が法定相続人の場合の法定相続分

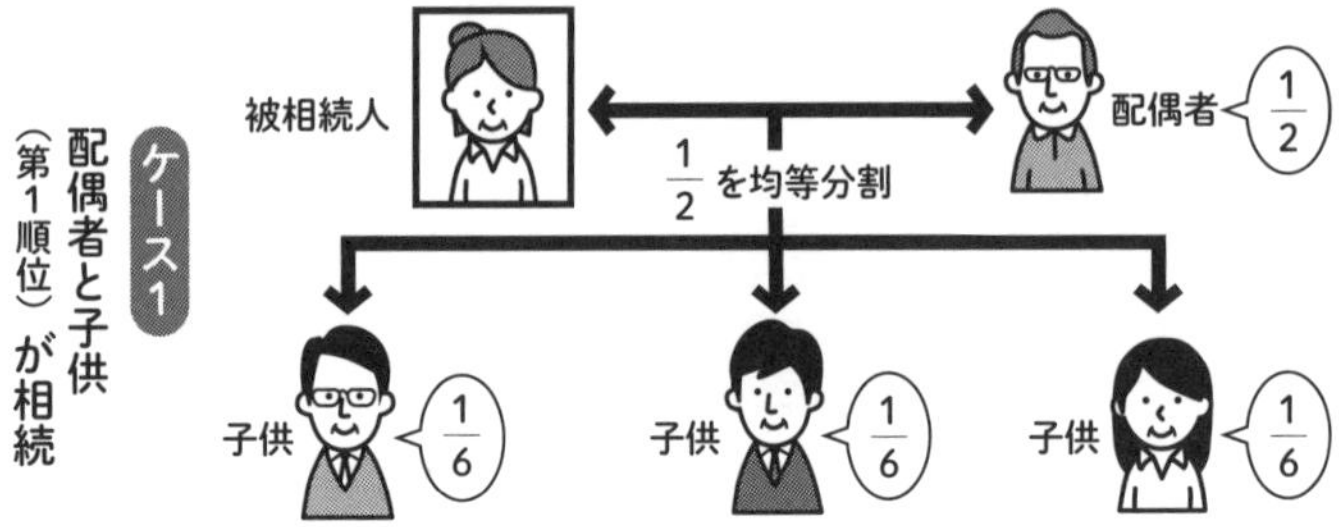


図4

配偶者と父母が法定相続人の場合の法定相続分

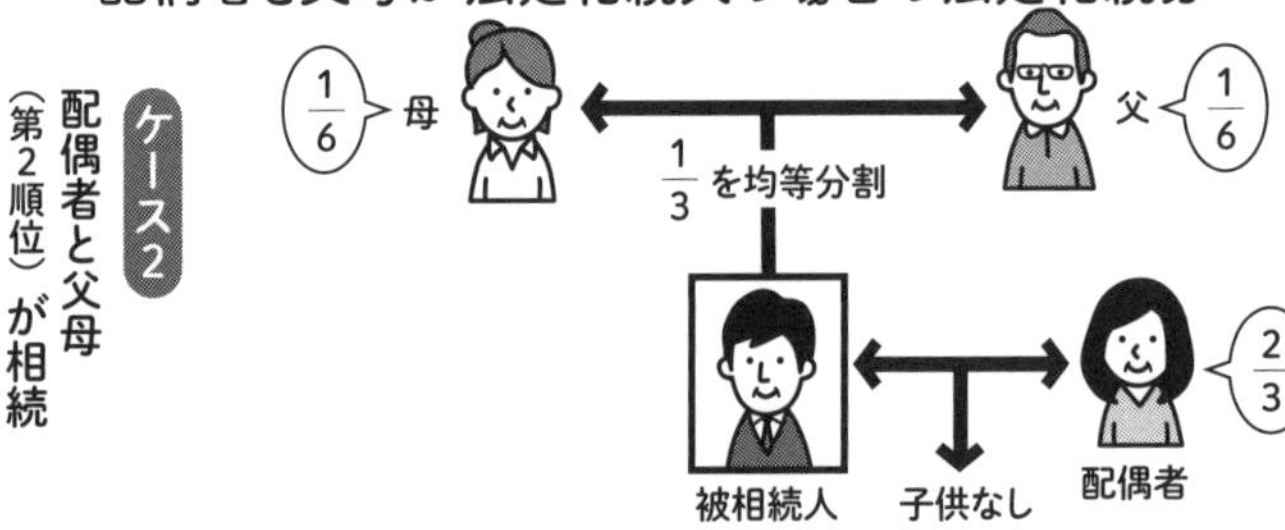


図5

配偶者と兄弟姉妹が法定相続人の場合の法定相続分

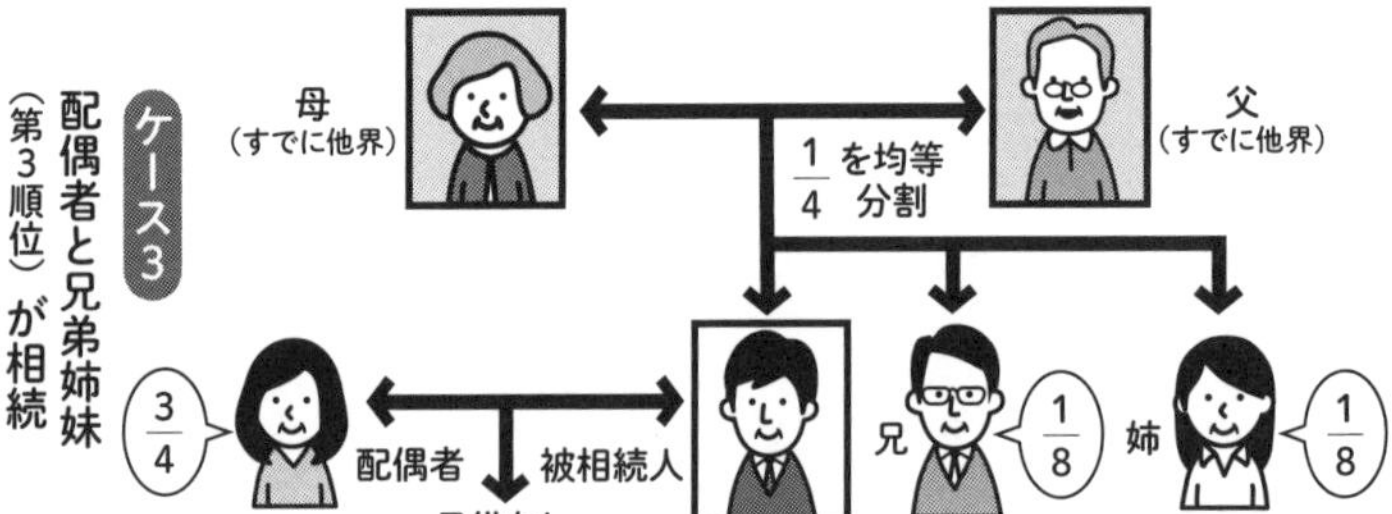

図6

## 法定相続人が配偶者と兄弟姉妹だった場合の法定相続分

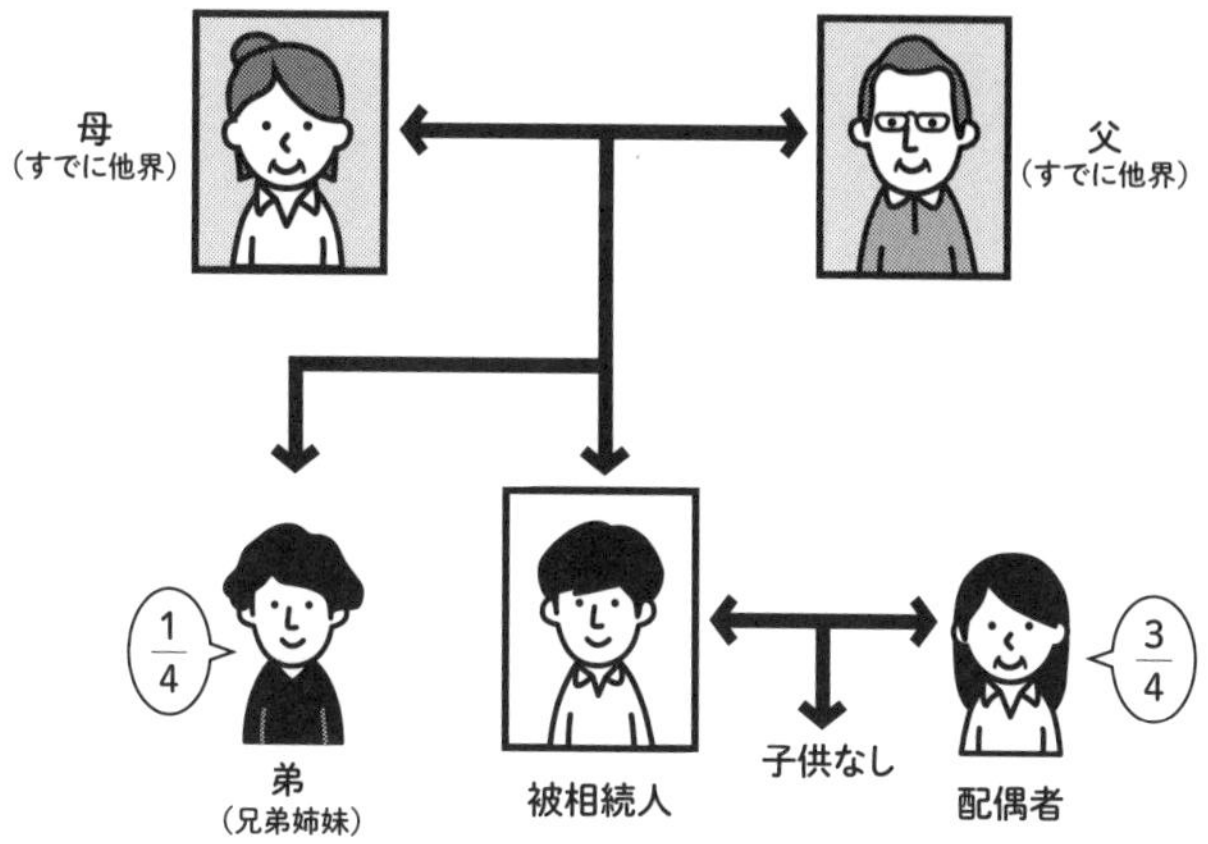


と考えていました。しかし、〝自分が死んだら財産は自動的にすべて妻が引き継ぐだろう〟と思い込んで特に相続対策を取らずにいました。

ところが、いざAさんが亡くなると、Aさんの弟が相続の権利を主張してきたのです。

子供がいない夫婦は、配偶者に全財産が受け継がれると考える人がいます。が、そうとは限りません。

このケースでは、「配偶者」と「兄弟姉妹」である弟が法定相続人だったのです。

Aさんも妻も「子供がいなければ、兄弟姉妹も法定相続人になる」ということを知らなかったのです。

法定相続分は妻が4分の3、弟が4分の1です（図6）。

相続財産はトータル4000万円だったので、妻の取り分は3000万円、弟の取り分は1000万円となります。

妻は夫の弟に1000万円を譲らなければならなくなりました。

実は、この状況を回避できる方法がひとつありました。

Aさんが生前に「妻に全部相続させる」という遺言書を書いておけばよかったのです。

Aさんのような**子供のいない夫婦は、「妻に遺産をすべて渡す」と遺言書を書いておいたほうがいい**です。できれば不備がないように「公正証書遺言」（167ページ参照）での作成がおすすめです。

## どれくらいの遺産があると相続税がかかるのか（基礎控除とは）

では、どれくらいの遺産があると、相続税がかかるのでしょうか。

その相続税がかかるか、かからないかの境界線を決めるのが、「基礎控除額」です。

**相続税は基本的に、遺産の総額が基礎控除額を超過している場合に課されます。**

つまり相続税は、亡くなった人の遺産の総額から基礎控除額を差し引いた金額に対して課税されるのです。

この基礎控除額は、どのような人であっても必ず使えます。

基礎控除額は、次の計算式で求められます。

**【3000万円＋（法定相続人の数×600万円）】**

つまり、基礎控除額は最低でも「3000万円＋600万円」の3600万円となるため、3600万円を超える遺産がなければ、相続税はかかりません。

法定相続人の数が2人なら4200万円、3人なら4800万円が、基礎控除額となります。

例えば、遺産額が5000万円だとします。法定相続人は配偶者と子供2人の計3人です。この場合、基礎控除額は4800万円となりますので、相続税の課税対象となるのは、200万円（5000万円－4800万円）です。

もしも同じケースで、法定相続人が4人だった場合は、基礎控除額は5400万円となり、遺産額は基礎控除額を下回ります（5000万円－5400万円＝▲400万円）。

遺産の総額が基礎控除額を下回っているようであれば、相続税はかかりませんので、相続税の申告をする必要も当然ありません。

基礎控除額を上回った場合に、相続税がかかり、相続税の申告をする必要があるのです。

この前提を踏まえて、次の「相続税の計算方法」をお読みください。

# あなたの相続税はいくら？

## 相続税の計算方法

次に、「相続税の計算方法」について、お伝えします。

私たちの身近な税金といえば、消費税や所得税ですね。

消費税はご存じのように購入金額に税率10％（または8％）を掛けて計算します。所得税は、収入から経費や控除を差し引いたものに所定の税率を掛けて計算します。

相続税も同じように……と言いたいところですが、多少いや結構、手順が複雑になります。ちょっとややこしいですが、相続税の計算方法を見てみましょう（図7）。

手順①……「遺産の総額」を求める
手順②……「非課税財産」と「債務」を求める
手順③……①から②を差し引いて、「課税価格の合計」を算出する
手順④……「基礎控除額」を計算する

**手順⑤……③の課税価格の合計から、④の基礎控除額を差し引く**
**手順⑥……⑤で算出した額を法定相続分に振り分ける**
**手順⑦……各人の法定相続分の取得金額に対して相続税の税率を掛ける**
**手順⑧……⑦で算出した各人の相続税額を合算する**
**手順⑨……⑧を実際の取得分に沿って振り分ける**
**手順⑩……⑨で算出した税額から「税額控除」を差し引く**
**→　各人の相続税額が算出される。**

法定相続人以外の相続人がいる場合などは、さらに計算が複雑になります。そのため自分の相続税の正確な額については、相続に詳しい税理士等の専門家に相談されることをおすすめします。

ですが計算の流れを知っておいたほうが話も早く進みますし、ざっくりとでもいいから相続税額を知りたい人もいらっしゃるでしょう。そのため、もう少しだけ詳しく、順を追って見ていきます。

図7

相続税計算の流れ
（相続人が配偶者と子供2人の場合）

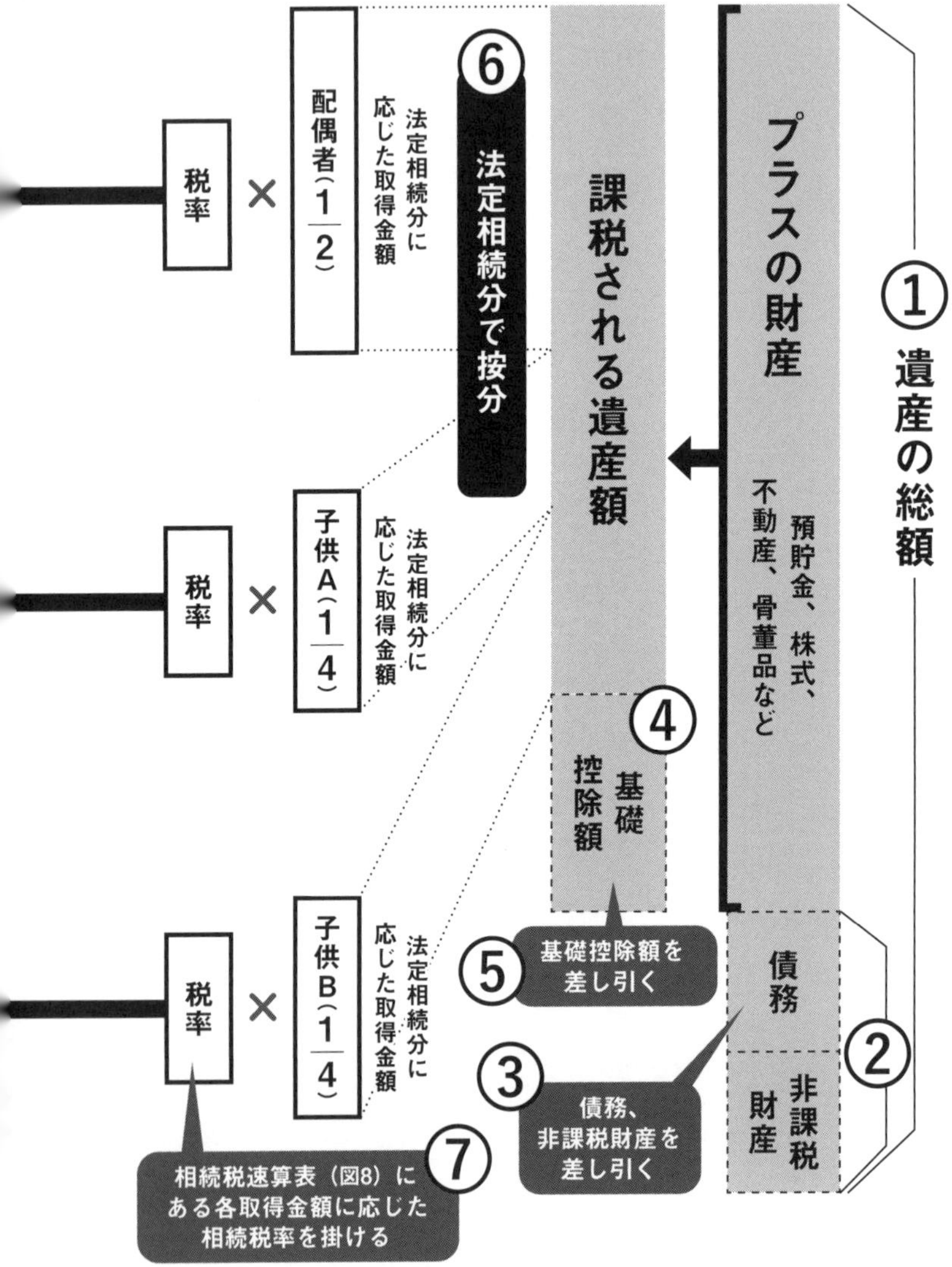

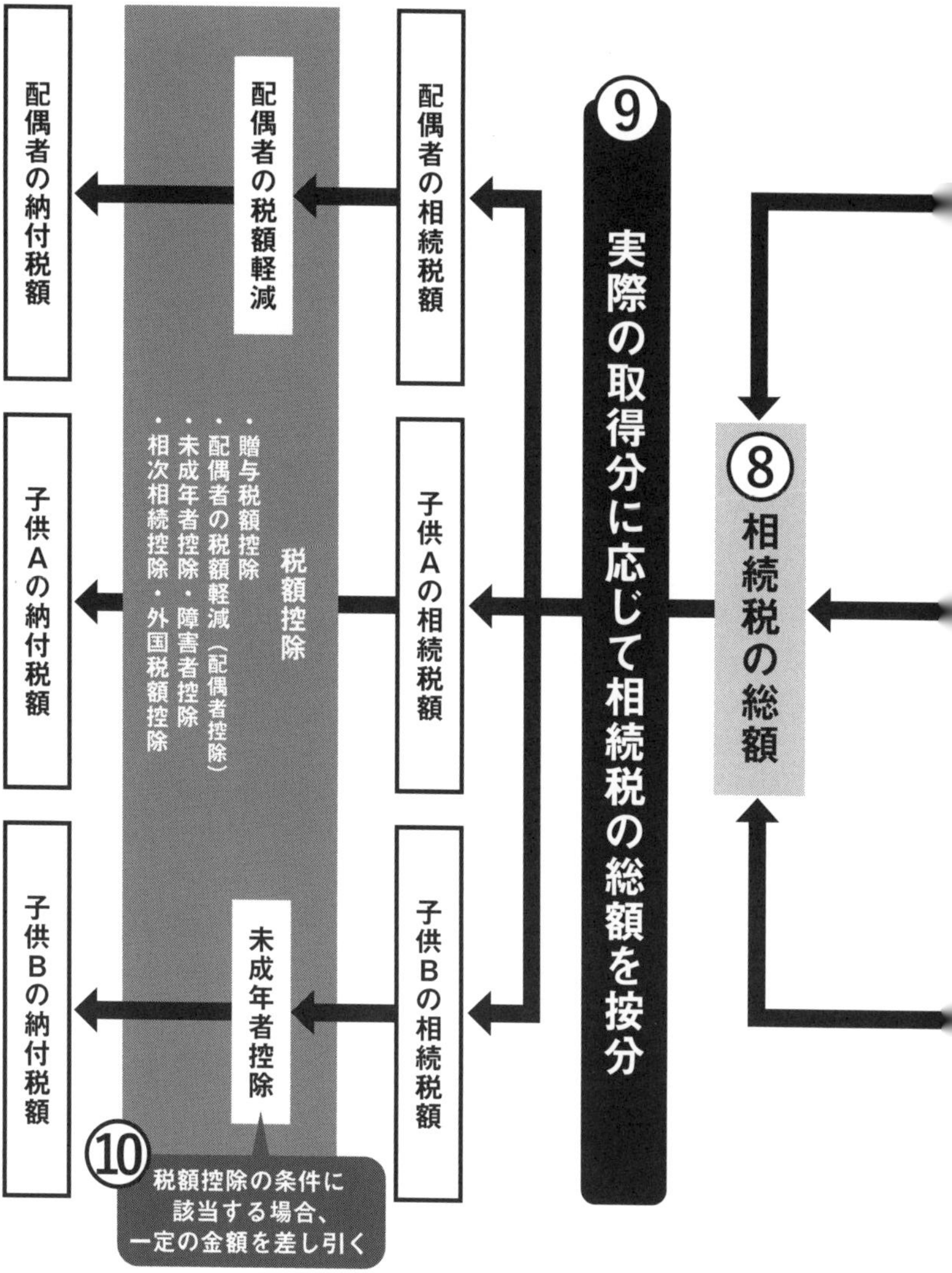

⑧相続税の総額
⑨実際の取得分に応じて相続税の総額を按分
配偶者の相続税額
子供Aの相続税額
子供Bの相続税額
配偶者の税額軽減
税額控除
・贈与税額控除
・配偶者の税額軽減（配偶者控除）
・未成年者控除・障害者控除
・相次相続控除・外国税額控除
未成年者控除
⑩税額控除の条件に該当する場合、一定の金額を差し引く
配偶者の納付税額
子供Aの納付税額
子供Bの納付税額

**手順①……「遺産の総額」を求める**

相続税はかかるのか、また相続税がかかるとしたらいくらになるのかは、遺産の額によって決まります。

遺産総額は、まず遺産の種類ごとに評価し、合算をして求めます。

・**預貯金**：残高をすべて合計する。

・**株式などの金融資産**：死亡日の「時価」で評価する。

・**土地や家屋**：固定資産税の納税通知書の「評価」の金額をすべて合計する。

これらの遺産を合計したものが、「遺産の総額」です。

財産の価値をどう評価するかは、財産の種類別に一定の基準が決められています。一つひとつお伝えしたいところですが、説明が膨大になるため、遺産総額が分かったものとして、進めていきます。

**手順②……「非課税財産」と「債務」を求める**

相続税がかからない「非課税財産」というものがあります。お墓や仏具、生命保険金や死亡退職金の一部（【法定相続人の数×500万円】）などが非課税財産となります（詳しくは129ページ）。

この「非課税財産」と、借金や未払い金などの「債務」を合計します。

**手順③……①から②を差し引いて「課税価格の合計」を算出する**

「遺産の総額」－「非課税財産＋債務」＝課税価格の合計

**手順④……「基礎控除額」を計算する**

基礎控除額とは、相続財産のうち税金がかからない金額の範囲を指します。これはすべての人が受けることができる控除です。

基礎控除額は次の算式で求められます。

**【3000万円＋（600万円×法定相続人の数）】**

実際に相続する相続人の数ではなく、「法定相続人の数」で計算します。

**手順⑤……③の課税価格の合計から、④の基礎控除額を差し引く**

③の課税価格の合計が、④の基礎控除額を超えている場合は、必ず相続税の申告が必要です。

基礎控除額のほうが課税価格合計よりも多い場合は、基本的に相続税がかかりません。

図8

相続税の速算表

| 法定相続分に応ずる取得金額 | 税率 | 控除額 |
|---|---|---|
| 1,000万円以下 | 10% | − |
| 3,000万円以下 | 15% | 50万円 |
| 5,000万円以下 | 20% | 200万円 |
| 1億円以下 | 30% | 700万円 |
| 2億円以下 | 40% | 1,700万円 |
| 3億円以下 | 45% | 2,700万円 |
| 6億円以下 | 50% | 4,200万円 |
| 6億円超 | 55% | 7,200万円 |

**手順⑥……⑤で算出した額を、法定相続分に振り分ける**

実際には法定相続分どおりに分けない場合も、相続税の計算のために、法定相続分に振り分けます。

**手順⑦……各人の法定相続分の取得金額に対して相続税の税率を掛ける**

法定相続人それぞれの税額を算出します。

相続税の税率は、（図8）の速算表にあるとおり10～55％で、取得金額が多いほど税率も高くなっています。

**手順⑧……⑦で算出した各人の相続税額を合算する**

⑦で出した法定相続人それぞれの税額をすべて足し、相続税の総額を算出します。

**手順⑨……⑧を実際の取得分に沿って振り分ける**

実際の取得分に沿った形で振り分けることで、それぞれの税額が算出されます。

**手順⑩……⑨で算出した税額から「税額控除」を差し引く**

税額控除には、配偶者の税額軽減、贈与税額控除、未成年者控除などがあります（詳しくは115ページ）。これらの控除で自分に当てはまるものがあれば、その控除額を差し引いたものが相続税額となります。

## ▼実際に相続税額を計算してみよう

では、具体的な数字を落とし込んで見てみましょう。

被相続人に1億円の遺産があり、非課税財産や債務はゼロ、相続をするのは法定相続人である妻と子供2人の計3人で、法定相続分に従って、相続する場合を想定します（図9）。

**手順①……「遺産の総額」を求める**

1億円

**手順②……「非課税財産」と「債務」を求める**

0円

**手順③……①から②を差し引く（課税価格の合計が算出される）**

1億円－0円＝1億円

**手順④……「基礎控除額」を計算する**

3000万円＋600万円×3（法定相続人の数）＝4800万円

**手順⑤……③の課税価格の合計から、④の基礎控除額を差し引く**

1億円（課税価格の合計）－4800万円（基礎控除額）＝5200万円（課税される遺産総額）

**手順⑥……⑤で算出した額を法定相続分に振り分ける**

課税される遺産総額（5200万円）を、法定相続人となる3人が、法定相続分の割合に応じて取得したものとして各相続人に振り分けます。31ページの図2にもあったように、法定相続人が「配偶者」と「子供」の場合の法定相続分は、配偶者は2分の1、子供は残りの2分の1を、人数に応じて均等に分配して受け取ることになります。このとき、相続人が法定相続分どおりに財産を取得したかどうかは関係ありません。

・**妻**の法定相続分（2分の1）に応じた取得金額……2600万円
・**子供A**の法定相続分（4分の1）に応じた取得金額……1300万円
・**子供B**の法定相続分（4分の1）に応じた取得金額……1300万円

**手順⑦……各人の法定相続分の取得金額に対して税率を掛ける**

各相続人に振り分けた金額に税率を適用し、それぞれの税額を求めます。

・**妻**　2600万円×15％－50万円＝340万円
・**子供A**　1300万円×15％－50万円＝145万円
・**子供B**　1300万円×15％－50万円＝145万円

**手順⑧……⑦で算出した各人の相続税額を合算する**

340万円＋145万円＋145万円＝合計630万円が相続税額になります。

**手順⑨……⑧を実際の取得分に沿った形に按分して振り分ける**

今回のケースでは法定相続分どおりに分けるので、妻は340万円、子供Aは145万円、子供Bは145万円となります。

**手順⑩……⑨で算出した税額から「税額控除」を差し引く**

「税額控除」（115ページ）を適用できる人がいた場合、それぞれその控除額を差し引くことができます。妻は「配偶者の税額軽減」、子供Bは18歳で「未成年者控除」が適用できたとしたら、各人が支払う必要のある相続税額は、次のようになります。

・**妻**　：「配偶者の税額軽減」を適用……相続税0円
・**子供A**：税額控除なし…………相続税145万円
・**子供B**：「未成年者控除」を適用……相続税125万円（145万円－〈20歳－18歳〉×10万円）

このようにして、各人の相続税額が算出できます。正確な額を知りたい場合は、税理士に相談することをおすすめします。

図9

## 相続税の計算例

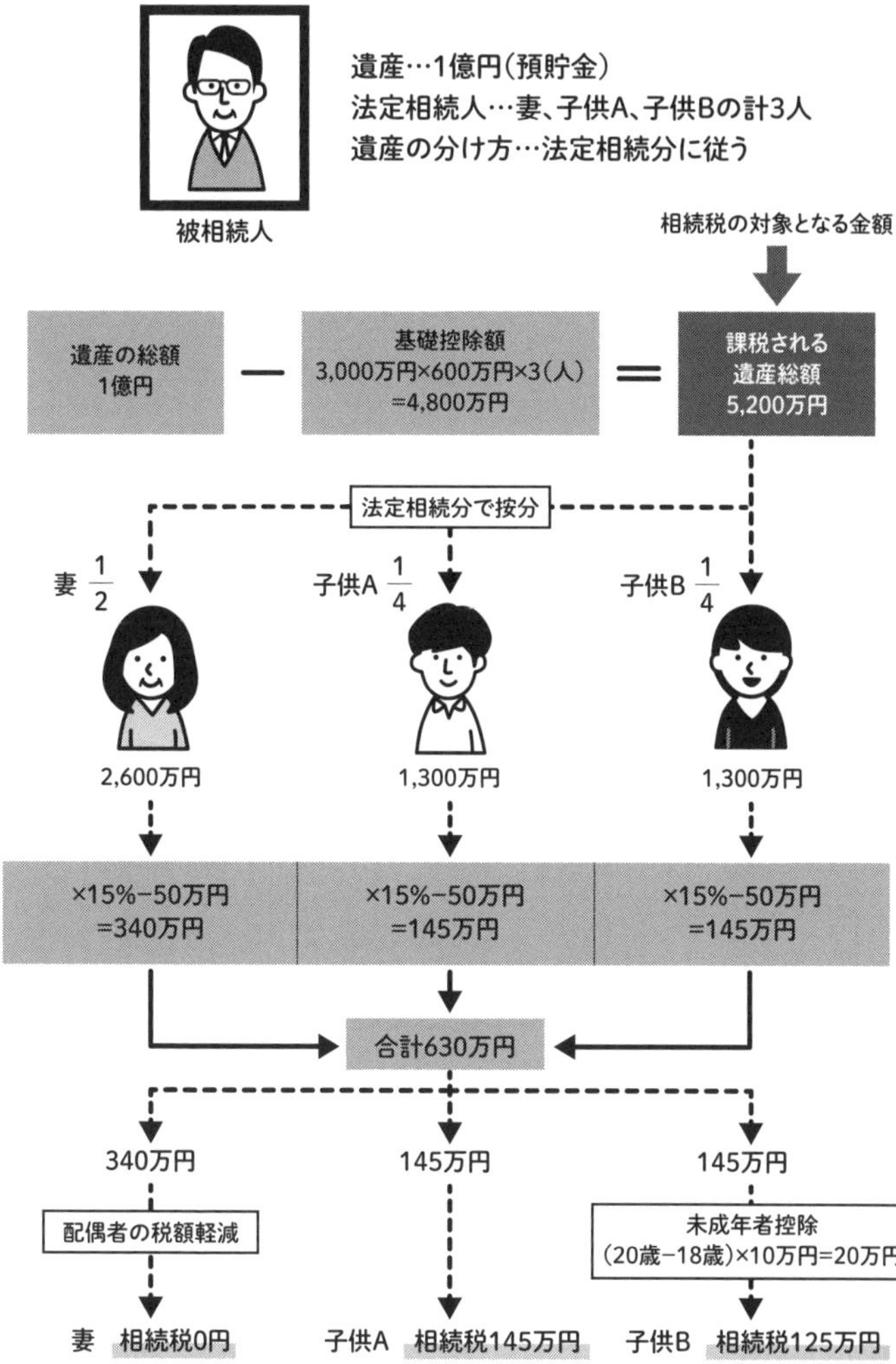

遺産…1億円（預貯金）
法定相続人…妻、子供A、子供Bの計3人
遺産の分け方…法定相続分に従う
被相続人
相続税の対象となる金額
遺産の総額
1億円
−
基礎控除額
3,000万円×600万円×3（人）
=4,800万円
=
課税される
遺産総額
5,200万円
法定相続分で按分
妻 1/2
子供A 1/4
子供B 1/4
2,600万円
1,300万円
1,300万円
×15%−50万円
=340万円
×15%−50万円
=145万円
×15%−50万円
=145万円
合計630万円
340万円
145万円
145万円
配偶者の税額軽減
未成年者控除
（20歳−18歳）×10万円=20万円
妻　相続税0円
子供A　相続税145万円
子供B　相続税125万円

# 意外と知らない、注意したい4つのポイント

## 遺産分割は法定相続分に従わなくてもいい

遺言書がなかった場合は、法定相続人と法定相続分の決まりに従って、「配偶者が2分の1で、子供2人いたら、子供には4分の1ずつ分けるのが普通なのですよね」と思われている人がよくいらっしゃいます。

いいえ。法定相続分に従う義務はありません。法定相続分は民法が定める、ただの割合です。あくまで目安ですので、縛られる必要はありません。

だから、**相続人みんなが納得するなら、法律に定められた法定相続分に従わなくてもよく、どんな分け方でもかまいません。**

遺産の分け方に絶対の正解はないのです。

妻が全額相続してもいいですし、妻には分けずに子供たちで分けてもよく、自由です。

ただ、何をどう分けるかで、相続税は全然違ってきます。

相続税が安くなる分け方を考えるのが普通でしょうが、場合によってはあえて不利な分

け方をすることもあります。

例えば、税金を多く払っても、売却などもっと利益の出る行動を将来的に取れるときや、税金を払ってでも受け継いだものをそのまま守りたい場合などです。

具体例をあげると、相続人が2人兄弟で、遺産に不動産がある場合、ひとつを共有で相続したほうが税制上のメリットを多く受けられます。

でも節税ができるからといって、不動産を共有財産にしてしまうと、どちらかが「売るのは嫌だ」と言ったら、もう片方が売りたくても売れません。

遺産分割協議のときにすでに、売るか売らないかで意見が違っているのに、不動産を共有して相続するというのはちょっとナンセンスですよね。税金が多少高くなっても、あえてそれぞれ別々に相続したり、売りたい側が全部の不動産を相続して、もう一方には現金など別の財産を相続させるなどしたほうが現実的です。

このように、どのように遺産を分けたらいいのかは、ケースバイケースです。どう分けたらいいのかについては、プロに相談することが確実でしょう。

## 相続税額の2割加算

被相続人の配偶者（夫・妻）、父母、子供（代襲相続人を含む）以外の人が相続・遺贈によって財産を取得した場合は、相続税額が2割加算される制度があります。

そのため、例えば、被相続人の兄弟姉妹、甥、姪、祖父母、代襲相続人ではない孫、被相続人の養子となった孫、内縁の夫や妻、法定相続人以外の人などは、2割加算の対象です。

## 申告・納税のタイムリミットは驚くほど短い

### ▼相続税の申告期限は10カ月以内、相続放棄は3カ月以内

**相続税の申告と納税は、被相続人が死亡したことを知った日の翌日から、たった10カ月以内**に行わなければなりません。

例えば、被相続人が1月19日に亡くなった場合は、その年の11月19日が申告期限になります。

行方不明の法定相続人がいたり、誰がどの財産を引き継ぐかでモメたり、相続財産の不動産を売って納税資金に充当したいのに買い手が見つからなかったり……などといった場合には、期日ギリギリになってしまう可能性もあります。

また、**相続財産には、預貯金や不動産などのプラスの財産だけではなく、負債などのマイナスの財産もすべて含まれます。**

相続人になった場合、被相続人の最後の住所地の家庭裁判所で手続き（申述）をすれば、財産に対する相続権を放棄することができます。

しかし**相続放棄をするかしないかの判断と手続きは、被相続人が亡くなってから3カ月**までにしなければならないのです。

相続人は、悲しみに暮れ、お葬式や何やらで心身ともに忙しいのに、亡くなった人の財産がどれだけあるか、借金がないかどうかを調べ上げ、相続放棄をする場合はその手続きもしなければなりません。調べているだけで3カ月はあっという間に過ぎてしまいます。

全部は調べ切れなかったけれど、財産があると思って相続したら、借金のほうが多かった、なんてことになったら悲惨です。私が知るケースでは、財産が2000万あると思っていたのに、相続したら借金が1億円もあった、ということがありました。

亡くなった人が借金があることを生前にきちんと伝えておけば、相続した側は地獄を見ずに済んだのに……。たった3カ月しかない相続放棄のタイミングを逃したら、相続した借金を支払うしかないのです。

## 税理士の95%はそこまで相続税法に詳しくない!?

### ▼税理士選びで失敗すると悲惨

相続が発生したときに頼れるのが、相続に詳しい税理士です。相続する側もさせる側も、ある程度の年齢になったら「相続について相談できる税理士」をあらかじめ見つけておくことをおすすめします。

いざ相続が発生してから、税理士を探すのは大変です。身内を亡くした悲しみや喪失感のなかで税理士を探す気力など持てないのが普通でしょう。

生前に相続に詳しい税理士事務所と付き合いがあれば、生きているうちにプロに相談しながら有効な節税対策をしておくことができます。

「うちは親の代からずっと付き合っている税理士さんがいるから、任せておけばいいよ」

と考えている人もいると思いますが、率直に言って、あまりおすすめしません。

大多数の税理士が相続は専門外ですし、場合によっては税理士側から見て今後付き合いが発生しそうな相続人だけに肩入れすることがあるからです。

同じような理由で、不動産業者から紹介された税理士もあまりおすすめできません。ならば、葬儀社からの紹介の場合は安心かというと……、緊急事態に乗じて料金をふっかけてくることもあります。

いずれにしても、業者を介して紹介してもらう場合は1～2割の紹介料込みの割高料金になるのが普通です。


「税理士の先生なら誰でも相続税については詳しいだろう」と一般の方は考えがちですが、実際はそうではありません。

確かに、いくらの相続税がかかるか、どんな対策をすればいくら相続税が減るのか、という計算は税理士ならば誰でもできます。でも税のことだけ考えて、時系列を考えていないと意味がないのです。多くの税理士が「今これをやると相続税がこれだけ減りますよ」とアドバイスしますが、それだけでは足らないのです。

相続を理解している税理士は、例えば「年金はいくらもらっていますか？」「今の生活レベルを維持するのにどれくらい必要ですか？」「これから何がしたいですか？」など、そういった生前を豊かに過ごすための、近い将来のお金の動きまで考えてくれるものなのです。

前者のような数字のことしか見ない税理士が多いのは、ほとんどの税理士が相続を勉強していないからかもしれません。実は相続税法は税理士試験の必修科目ではないため、相続の勉強を1分もしなくても税理士になれてしまうのです。

【税理士試験の科目】
必修科目（2科目とも必ず合格しなければならない）……簿記論・財務諸表論
選択必修（1～2科目合格しなければならない）……所得税法または法人税法
選択科目（このなかから1～2科目合格すればよい）……消費税法または酒税法（どちらか1科目）／相続税法・固定資産税・国税徴収法・住民税または事業税（どれか1科目）

必修で2科目、選択必修で1～2科目、選択科目で1～2科目の計5科目合格しなければ税理士にはなれません。

相続税法は選択科目のひとつですが、この試験は難易度が高いため、最初から相続税法をあきらめてしまう人がほとんどです。**相続税法で合格した税理士は、税理士全体の5％くらいしかいない**といわれています。つまり税理士の95％は相続税法を専門に勉強したわけではないのです。

税理士よりも相続関係の民間資格を持っている人のほうが税理士よりも詳しいというのが現実です。しかし、だからこそ相続税のことが分かる、相続に強いというのは、税理士にとって大きなセールスポイントになるといえます。

## ▼税理士事務所を選ぶチェックポイント

相続に強い税理士事務所を選ぶときのチェックポイントをあげておきます。

### ⑴スタッフ1人あたりの取扱件数をチェック

病院を選ぶときに、その手術を何回成功しているかなど、経験値で選ぶように、相続もスタッフにどれだけの経験値があるかは大切なチェックポイントです。

例えば年間取扱件数が同じ30件だった場合、2～3人で対応している事務所と、10人以上の事務所とでは1人あたりの経験値が違います。

気をつけたいのは、その先生が年間何件を取り扱っているかよりも、何人のスタッフでそれだけの仕事を回しているかです。普通、ホームページにはそんな情報は載っていないので、電話をして聞いてみるといいでしょう。年間の取扱件数をスタッフの人数で割って考えます。1人あたり10件以上なら及第点といえます。

ちなみに弊社は、2020年、私ともう1人のスタッフで約50件の相続案件を担当しました。

## ⑵チームで担当してくれるか

税理士が1人で担当する担当制の事務所もあります。その場合は担当者の経験しか相談に生かせません。チームだと複数のスタッフが意見をぶつけ合うことで、より依頼者に寄り添った相続対策をすることができます。

女性から見た「家」と、男から見た「家」はまるで違います。そこを分かっているかどうかは大きな違いです。年齢や性別のバラバラなチームで担当してくれる税理士事務所は、かなり心強いといえるのではないでしょうか。

## ⑶ベテランか若手か？

「人生経験の豊富な先生のほうが頼れそう」という気持ちも分かります。しかし年齢を重ねたベテラン税理士でも、数件しか相続を担当したことのない先生はたくさんいます。相続対策で必要なのは、生きてきた年数ではなく見てきた相続の数です。

1番いいのは若くて、経験した相続の数が100件以上ある先生です。

そのためには、セミナーにこまめに足を運んだり、書籍をたくさん読んで学び、ネットで情報を収集し続けなければなりません。優秀な若い先生のほうが、現実的に対応してくれることが多いようです。

### ⑷とにかく対応が丁寧な人

ときどき上から目線の税理士がいます。その人の取扱件数がいくら多かったとしても、依頼しないほうがいいでしょう。不愉快なだけでなく、素人相手に虚勢を張るのは、知識や経験の不足を隠すため、つまり自信のなさの裏返しです。本当にできる人は、誰に対しても優しいものです。

### ⑸相続税以外の相続の質問に答えられるか？

相続を扱った経験が少ない税理士は、税金以外の質問には答えられません。

「自分で書く遺言書と公証役場で書く遺言書とどっちがいいですか？」「弟の嫁が口を出してくるのですが、どうしたらいいですか？」など税金関係ではないことを質問してみてください。

相続に弱い税理士は「ちょっと待ってくださいね」とか「えーと……」と言葉に詰まってしまいがちです。税金以外のことでも相談でき、親身になって聞いてくれる人を選んでください。

## (6)「税務調査が入らない」と謳《うた》っていたらNG

どんなにきちんと申告していても一定の税務調査は入るものです。ですから、必要なのは税務調査が入っても安心して対応できる体制です。「税務調査が入らない」と謳っているのは絶対量が少ないから入らないだけ、という数字のマジックかもしれません。

繰り返しますが、税理士は万能ではありません。

相続に強い人を早めに見つけておくことが、相続を成功させるカギです。

# 第2章

# 親族間のトラブルを防ぐ遺産の分け方

## 争族対策

# 相続は「お金の話」であり「家族の話」でもある

## 争いを生まない、遺産分割協議の進め方

相続は親族間でモメることを前提にしてください。

「うちは仲が良いから大丈夫」と思っている人たちほど要注意です。

仲の良い兄弟姉妹でも、モメたケースは数え切れないほどあります。

「父がのこぎりを持って襲ってくる、助けて！」とトイレから電話してきた娘。

書類を持ってきた妹の腕を、車のドアに挟んだまま発車させた実兄……。

どちらも私が実際に関わった相続トラブルです。ここにはとても書けないようなひどい例も見てきました。

争族トラブルは、争い合っているときも大変ですが、争いが終わったとしても、壊れた関係性を修復することはほぼ不可能で一生引きずることになります。

私が担当したなかには、次のようなケースもありました。

兄弟姉妹間で、誰が何を相続するかで散々モメた後、長男がすべての財産を手にするこ

とになりました。この争族をきっかけに、兄弟姉妹間は絶縁《ぜつえん》状態になりました。

その後、長男は都内の一等地に5億円の家を購入して、悠々自適《ゆうゆうじてき》に暮らしていると思われていたのですが、結果として、その人は誰にも知られずひとり寂しく亡くなってしまいました。私が部屋に入ったときには豪邸はゴミ屋敷になっていて、障子はぼろぼろに破れ、その人はカビとほこりとペットの猫の糞にまみれて亡くなっていたのです。

この人は、兄弟姉妹と絶縁していたため保証人になってくれる人がおらず、介護施設に入居することもできず、自宅で孤独死をせざるを得なかったのです。

**果たして、家族との縁を切ってまで多額の遺産を手に入れることは、本当にいいことなのでしょうか?**

私は、お金よりも価値のある財産は家族だと思っています。

多くの場合、事故や病気、ケガなどのときに助けてくれるのは家族です。親身になって心配してくれるし、精神的にも経済的にも支えになってくれるはずです。

でも相続をきっかけに仲違いをしてしまうと、それまでの楽しい記憶が一瞬で思い出したくない過去に変わり、縁が切れてしまう可能性があります。

困ったときに助けてくれる人を遠ざけることの財産的価値の損失ははかり知れません。

相続直後はいいかもしれません。けれど、年を取るに従って知り合いがどんどん減っていき、本当に心から分かり合える人は、やはり血のつながった親族になるのです。

NHKの取材によるとひとり暮らしの高齢者約600万人のうち、年収が生活保護水準を下回る人が約半数、充分な預貯金がある人と生活保護を受けている人を除くと、200万人程度が、生活保護水準以下の「老後破産」状態だそうです。破産する理由はさまざまでしょうが、たとえ相続で多額のお金を得たとしても、使い切るのはほんの一瞬だったりするかもしれません。

お金のために家族と絶縁して晩年寂しい思いをして孤独に死んでいくのか、それとも兄弟姉妹や子供、甥や姪たちに看取《みと》られて亡くなるのか、相続時の言動や行動によって決まるかもしれないのです。

私が相続人にお伝えしているのは「もっとも価値のある財産は家族だ」ということです。**相続は「お金の話」と思いがちですが、「家族の話」でもある**のです。

家族が仲良くし、モメないことが、一番良い相続の在り方なのです。

だから相続が始まったら、モメる火種が誰かの心のなかにくすぶっていないかを、いち早く察知するように意識を向けていただきたいのです。すぐに消火していかなければ、あっという間に争続の火の手は広がり、飛び火して、消火不可能になってしまいます。

本章では、私がこれまでの経験から気づいた争族トラブルが起きやすいケースと、そこから見えた争族を防ぐための解決策をお伝えします。

### ▼争いを生まないためには〝譲り合い〟が必須

まず、争族トラブルを防ぐための結論からお伝えします。

**納得いく相続にするためには〝譲り合い〟がすべて**です。

「当たり前じゃないか」と思われたかもしれません。そうですね。当たり前ですが、どんな場面でも、争いを防ぐには、譲り合いが大切です。

それにモメてしまうと、節税も思うようにできなくなってしまいます。

相続税の節税対策は必ず被相続人や他の相続人の協力が必要です。1人では決してできません。親族間でモメてしまったら、節税はできないと考えてください。逆にモメなければ一致団結して有効な節税策を講じることができます。

つまり**モメない、トラブルのない相続こそが、真のちゃっかり相続**なのです。

自分だけが他の相続人よりも多くもらおう、なんて思っていると結果的に損をします。みんなで得をするために、みんなが譲り合いの気持ちを持つことが、結局は一番お得な相続になるのです。

相続は、各人が自分の取り分を争う個人競技ではなく、相続人全員による団体競技です。誰か特定の人に押し付けるのではなく、税理士の先生と話す人、戸籍を集める人、銀行を回る人などといった役割分担をして、協力し合う必要があります。その上で、相続人全員が一致団結してひとつのゴールを目指すのです。

## ▼遺産分割協議で最初に決めておくこと

ただ、あなたが譲り合いの気持ちを持っていたとしても、他の相続人の誰かが「私はこれだけもらう権利がある。譲れ！」などと言ってきたら、それは納得できませんし、譲り合いの気持ちもなくなってしまいますよね。

また、相続税の申告・納税は、被相続人が亡くなってから10カ月のうちに行わなければなりません。要するに、10カ月の間に、遺産の特定、遺産の評価算出、遺産分割協議、遺産の名義変更という重要課題に対処する必要があるのです。

そのため、多くの相続人は焦ってしまい、話し合いの最初からいきなり、「不動産は誰が相続する?」「預金は誰にする?」「私はこれが欲しい」「俺は誰よりも遺産をもらう権利がある」など、自分の利益を優先して考えた遺産の分け方を話し合おうとしてしまいます。

これで、こじれてしまうのです。

このような争族の火種をできるだけ燃やさないために、相続の話し合いの場で、最初にしておくことが2つあります。それは、「ゴール」と「役割」を決めることです。

**1 相続人全員で相続の「ゴール」はどこにあるのかを確認する**
**2 面倒な手続きの「役割分担」を決める**

ゴールは、「みんなが分け方に納得して署名をして、実印がそろうこと」です。まずそのことを全員が認識していることを確認します。遺言書があればゴールは明確ですが、遺言書がない場合は自分たちでゴールを作り出していく必要があります。

相続の手続きは、銀行、公証役場、法務局の窓口など面倒なことが多く、平日の日中に負担が偏りがちです。誰かに押し付けるのではなく、どのように分担するのかを話し合って決めましょう。

## ▼「どうしても欲しいもの」を、お互いの気持ちを酌《く》みながら伝え合う

ゴールを共有し合った後は、具体的に財産をどう分けるかの話し合いをしていきます。そのとき、相続人それぞれが「自分はこれが欲しい」と主張し合っていては話がまとまりません。まず自分の話は脇に置いて、話し合いやすい雰囲気を作り、意見を聞くことが大切です。

「被相続人のお世話を一番よくしていた人が多くなるようにする」「均等とする」「不動産の相続は、△△の理由から、〇〇がメインに取得する」などといった方向性を先に設定して話し合うことが基本となります。その際に、ぜひ言葉の表面だけでなく、その裏にある気持ちにも耳を傾けるように心掛けてください。

例えば「家や車を売ってそれを均等に分けよう」という方向でまとまりかけているのに、反対している人がいたとしましょう。他の相続人たちは賛成なのに、その人だけが反対している状況では、均等な分割を邪魔しているように感じてしまうかもしれません。

でも、その人は邪魔をしようとしているのではなく、もしかしたら「お金ではなく思い出の残っている実家を相続したい」「一緒にドライブした車が欲しい」などと思っているだけなのかもしれません。このような〝想い〟はお金に換算できません。その人にとって

は、大切な思い出の詰まった家や車を売るのは身を切られるように切ないことだってあるのです。

このようにゴールや方向性を先に決めていると、たとえ「私はこれをもらう権利がある」と言われても、「なぜそれがほしいのか」を聞こうとする姿勢も出てきます。

絶対に欲しいものを、ひとつずつ言い合って順に取っていく、という方法もあります。それぞれが1番にほしいものを手にした後で、それ以外の財産の分け方をどうするか話し合うものです。

それぞれが欲しいものを手にしてから擦《す》り合わせをすれば、譲り合う余裕も生まれやすくなるのです。

## 話し合いがもつれるNGワード

数多くの相続を担当するなかで、モメてしまったケースの多くは話し合いにおいて、ある〝共通の言葉〟を発していることに気がつきました。

「これを言うとモメる」「こういう言い方は誤解を招く」という共通のNGワードをご紹介します。

## NGワード1　「うちの嫁がこう言っている」「夫の考えでは」

相続人の配偶者がしゃしゃり出てくると、かなりの確率でモメます。

例えば相続人は兄と弟であるにもかかわらず、弟の嫁が、兄に対して相続のことで電話をする。相続人は長女と次女なのにもかかわらず、次女の夫が専門家と話したがる、などです。

自分事として想像してみてください。いかにもモメそうな感じがしますよね。

相続について判断するのは、相続人本人です。

だから、相続人の配偶者には口をはさませないようにしましょう。

一番の対策は、そのことを相続人同士で取り決めてしまうことです。相続人は、あらかじめ夫婦で話し合い「俺が決める」「私が決める」と宣言しておいてもらうようにしてはいかがでしょうか。

## NGワード2　「●●だから●●して」

「長男だから相続財産を多くして」「うちは子供が多いから配慮して」「お姉ちゃんは大学に行ったんだから、その分相続する財産を減らして」など、「●●だから●●して」という言葉は、自分の「権利」の主張ではなく、単なる願望でしかありません。

それでは譲り合いにはならず、どこまでいっても話し合いは平行線になってしまいます。

## NGワード3 「さっさと決めちゃおう」

交渉の相手にこう言われたら嫌じゃありませんか？　まして相続の話し合いでこんな言葉が出てきたら、言われた側は「急がされている」「ごまかそうとしているんじゃないか」と警戒します。

集まるのが大変だからというのも分かります。申告までの期間が短いのも分かります。でも、最初の話し合いで方向性を決めたら、電話やグループ通話、Ｚｏｏｍなどを使って、話し合いを続けることもできるのです。

それに数百万、数千万円のお金が動く遺産分割協議は、精神的にかなり疲れます。だから早く決めようとするのではなく、１回の話し合いが長時間にならないように、短時間で数回に分けて話し合うつもりで進めていったほうがいいでしょう。そのほうがお互いにヒートアップせずに済みます。

## 「争族」になりやすいケース

### ▼正月に集まらない親族

「正月に集まらない親族」は、必ずといっていいほどモメます。親族の関係性が希薄なところほどモメる、ということです。

手紙やお歳暮、お中元のやりとり、「最近どう?」などの電話でもいいかもしれません。どんなものでもコミュニケーションをとっていないと、気持ちが離れてしまうものです。遠距離恋愛が続かないといわれるのと同じですよね。正月に集まらないというのは人間関係ができていないことの象徴です。

**人間関係ができていないのに「相続ではモメない」というのは、とても難しいです。でも相続させる側**(被相続人である親の立場など)**は、「うちの姉妹は仲が良いからモメない」とのんきに思い込んでいたりします。**

そりゃあ、表向きは仲良くしますよね、いい大人同士ですから。ですが、それをいつまでも維持できるのかといったら疑問です。ましてや相続の話し合いをするとなったら、どうなってしまうのか分かりません。関係が希薄ということは、譲り合いの気持ちも希薄ということですから。

関係が希薄だと、どうしても相続人は、自分の取り分を優先的に考えてしまいがちです。だから姉妹で、「うちは子供3人で出費が多いけど、お姉ちゃんのところは子供がいないし、そんなにお金使わないよね。ちょっと多めにもらえるように話できないかな」とか、「うちは子供がいないから老後が不安だわ。妹は将来子供に面倒見てもらえるから、老後資金は少なくていいでしょう」などとそれぞれの妄想を勝手に膨《ふく》らませて、自分の都合のいいほうに思い込んでしまいがちです。それぞれの思い込みと思い込みがぶつかってしまうのが、モメる家族です。

## ▼弟の嫁が出てくるとモメる

前項目のNGワードにも記述しましたが、大切なことなのでもう一度いいます。

相続人以外の人がしゃしゃり出てくると、相続はモメます。

**相続人は兄と弟の2人なのに、いつのまにか、嫁同士のバトルになっていることもあるのです。**

例えば、兄のほうが多く相続しそうだと思ったら、弟の嫁は「兄弟は平等に分けないと!」とバトルを仕掛けてきます。そう言われた兄の嫁は「長男の嫁で苦労している分、長男のほうが相続する財産は多くないと不公平！」となってしまうのです。

そして、それぞれの嫁に「あなた、しっかり権利を主張してきてくださいね」と発破《はっぱ》をかけられて、実の兄弟同士は内心モメたくないのに、代理戦争をせざるを得ないといった状況に陥ってしまいます。

## ▼特定の人が介護をした場合

被相続人の介護をした人と、していない人の間でモメる例もあります。

例えば、こんなケースがあります。夫を亡くして一人暮らしのAさんには娘が3人いました。長女は昔から妹たちの面倒もみたり気を配るタイプ。次女は自由人でマイペース。三女は「私は末っ子だから」と言い訳をしがちで、一番年下だから一番弱いという立場は理解しています。

このようなよくある三姉妹ですが、Aさんのお世話は長女に偏りがちになっていました。お世話とひとくちに言っても簡単なことではありません。長女は2日おきに実家に様子を見に行くなど、ほとんどつきっきりといってもいい状態でした。

Aさんが亡くなると、もちろん相続の話になります。

兄弟姉妹の場合、相続は基本的には均等に分けられます。三姉妹でしたら、それぞれ3

分の1ずつ。300万円の遺産があったら、100万円ずつ分けられることになります。

しかし長女からしてみれば、均等に分けるのではなく、「介護をしていた分はプラスで欲しい」という思いが当然あります。

そのことを次女と三女に伝えたときに、もし次女が「いや、三等分でしょう」と言ってしまうと、争続の勃発です。次女と三女が「親の面倒を見てくれてありがとう」の気持ちで「ちょっと多めにお姉ちゃんにあげる」と考えることができればいいのですが、なかなかそうはならないものです。

今は、**被相続人の介護をしてきた人や家業に労務の提供をしてきた人など、財産の維持または増加に貢献した人には、相続法で寄与分が認められています。**

寄与分とは、被相続人の介護などで貢献した人に対して、ほかの相続人よりも相続財産を多く分けてもらうことができる制度です。そのため長女はこの場合寄与分が認められれば、次女と三女よりも多くの財産をもらうことが法的に認められる可能性があります。

また、これまで寄与分が認められるのは相続人のみでしたが、40年ぶりの相続法大改正で、**姑《しゅうと》（舅）を介護した長男の嫁などといった相続人以外の人でも財産をもらえる**ようになりました（特別寄与料）。詳しくは、第6章で解説しています。

## ▼親世代からの押し付けで不満がたまる

親子の距離が近すぎることで、モメるケースもあります。

例えば、開業医だった親が、同じく医者になった長男に設備ごと病院を引き継がせました。そして「長男だから、近くにいるのは当然だ」と考えて、長男に「家の土地内に空いているスペースがあるから、そこに家を建てて、隣に住んだらどうだ」と話して、実行しました。親としては善かれと思ってしてきたことで、土地を買わなくていいからお得だと思っているのかもしれません。

ですが長男としてみれば、圧力をかけられたと思っていたかもしれません。病院を引き継ぐにしても、いろいろとのしかかってくるものがあります。またお嫁さんは「夫の実家に縛り付けられた」と内心怒り狂っている可能性もあります。特に墓守《はかもり》をしなければならない場合は、長男のお嫁さんの負担は大きくなります。

このような場合で複雑なのは、相続時に他の兄弟姉妹から、「お兄さんは、学費を親からたくさん出してもらったり、いろんなことをしてもらってきたでしょう」と言われてしまいがちなことです。

そこで長男のそれまでためてきた不満が爆発してしまい、「お前だってずっとピアノのレッスン代がかかっていたし、学費の高い音大に行かせてもらったじゃないか」などと言い返してしまったら、争いの始まりです。

親にしてもらってきたことはそれぞれ違いますから、どちらにも言い分があります。だから、財産を法律の規定どおりに均等に分配すれば不公平に感じられて、こじれてしまいやすいのです。

### ▼モメやすい二次相続

両親のどちらかが亡くなったときの相続を一次相続といいます。一次相続の時点では、生きている配偶者に多く財産を相続させますし、「親の前で、兄弟姉妹が争っている姿を見せたくない」という心理も働きますから、モメることは意外に少ないです。

しかしもう1人の親も亡くなった二次相続では、激しい兄弟姉妹間のバトルが勃発しやすいのです。

例えば、父、母、子供2人の4人家族で、お父さんが亡くなったときの一次相続では、配偶者であるお母さんが財産のほとんどを相続すれば、モメることはほぼありません。配偶者の税額軽減のおかげで相続税の負担もとても少なくなります。

ただしこれは、相続税の単なる先延ばしです。お母さんが亡くなったときには、その財産が子供たちに相続されることになります。

お父さんの相続対策（一次相続）ばかりに重点を置いて、二次相続のことを忘れている人がとても多いです。

一次相続で争わなかった兄弟姉妹が、この二次相続では、親というお目付役がいなくなってしまったせいもあり、財産を取り合ってモメるというケースがとても多いです。

**相続対策は二次相続こそが大事です。**

**二次相続でよくあるのが、「念書」のトラブル**です。

例えば、兄と妹がいて、一次相続のときに、「二次相続のときには妹に多く渡すから」といって、兄が財産を多くもらったとします。そしてそのときに「念書を書いておこう」と言いだしたら、要注意です。

その後、二次相続が発生したときに「今回は私が多めにもらえるんだよね。念書にもそう書いてあるよね」と妹が言ったとしても、「いや、もう一度話し合おう。均等に分けたい」などと兄に言われることになります。

**念書には法的拘束力はない**ため、「それはそれ」と踏みにじることもできるのです。

このようなトラブルを避けるためにも、被相続人となる人は、遺言書を書いておいたほうがいいでしょう。

「お父さん（夫）が書いているから私はいいわ」と遠慮しているお母さんも、必ず書いてください。お母さんも遺言書の用意は必要です。

夫婦のどちらが先に亡くなるかなんて誰にも分かりません。だから、「私が先に死んだら、夫と子供2人が相続する」「夫が自分よりも先に死んでいたら、夫の分は長男が相続する」などといったように、「こうだったらこうする」という「タスキがけ」の遺言書を、夫婦それぞれ、どちらも作っておくといいと思います。

また、一次相続後に、二次相続で争わないようにするための相続対策をしておくことも大切です。最初にやっておいたほうがいいのは、相続財産を減らして、相続税を少なくする対策です。

例えば、現金など評価額が下がらないものは、いったん配偶者が引き継いで、資産組み換えをすることで、相続税評価額を下げることができます。

二次相続対策は、次のような順序で考えるといいでしょう。

**⑴今後の生活に必要なお金を確保する**

「平均余命」と「毎年かかる生活費」を掛け算して、これから先の人生を生きていくのに必要な生活費をキープしておきます。老後の暮らしを楽しむために、ここはあまりケチケチしないほうがいいでしょう。

**(2)基礎控除額を差し引く**

財産の総額から基礎控除額を差し引きます。子供2人の場合3000万円+600万円×2で4200万円です。

**(3)生命保険に入る**

納税資金を用意するために生命保険が活用できます。非課税枠内に収めることよりも、納税資金の額を意識してください。

**(4)生前贈与する**

残った財産は生前に贈与して、最終的な相続財産を減らすことを狙っていきます。贈与税の特例や非課税枠110万円の贈与、310万円の贈与を行っていきます(詳しくは119ページ)。

### ▼譲り合いを生む先手必勝テクニック

相続は大変です。銀行や役所をはじめ、さまざまな手続きを10カ月以内に申告・納税も完了しなければなりません。この大仕事を一致団結して乗り越えるためには、相続人みんなで協力する、それぞれが譲り合うという気持ちが欠かせません。

譲り合うには、自分以外の人の気持ちを尊重することが大切です。

なかでも特に汲んでほしいのが、親の世話をした人の気持ちです。介護や看病があった場合はもちろんですし、死の直前まで元気だったとしても、日常の世話を任されていただけだとしても、その人にとっては大きくのしかかっていたことでしょう。自分の時間の多くを被相続人のために割いてきたと思います。

お礼を言ってほしくてやっていたわけではないのでしょうけれど、誰しも承認欲求はあります。兄弟姉妹や他の相続人から、ねぎらいと感謝の言葉がひとつもなければ、気持ちがこじれてしまうのは当然でしょう。この気持ちのこじれが「私、がんばったから多めにちょうだい」と主張する根拠になります。

**モメる芽を事前に摘み取るには、「ありがとう」「よくがんばったね」とお礼の言葉をしっかりと伝えて、その上で「がんばっていたから、多めに相続してね」と言ってあげることです。**

「お兄ちゃんは私のことを見ていてくれたんだ、がんばってよかった」と思えるはずです。それが譲り合いの余裕を生み、その後の話し合いもスムーズに進むはずです。

血のつながった親族の絆《きずな》を壊してしまう恐れのある相続を、より絆が深まるような相続に変えることができるのは、この譲り合いです。

# 第3章

# 「困った。払えない！」を回避するための資金確保

## 納税対策

# 納税資金は生前にしっかりと準備

## 「生前贈与」と「生命保険」を賢く活用

### ▼納税資金を用意する方法

相続対策で忘れてはいけないのが納税対策です。

**相続税は原則として現金一括納付**です。

そのため相続前から、納付できるだけのキャッシュ、またはすぐに換金できる資産を用意しておかなければなりません。

要するに納税対策とは〝**相続税で支払う資金を確保しておく**〟ことです。

財産によっては相当な額になる相続税ですが、申告・納税までの期間はたった10カ月しかありません。その期間中に相続財産をめぐってモメていたせいで、相続税の納税資金の確保まで意識が向かず、気づけば相続税が払えない！　というケースがあります。

「引き継いだ財産のなかから支払えばいいじゃないか」と思われるかもしれません。しかし被相続人が残した財産が土地や株式だったら、どうでしょうか。

土地を誰が引き継ぐかでモメていて所有者が決まらない場合は、その土地を売って納税資金にすることはできません。申告・納税期間までに土地を売却できずに、納税資金を用意できない可能性も十分にあるのです。

私は、納税資金は相続財産にかかるのですから、財産を渡す側である被相続人の責任で用意するべきだと考えています。相続税を払えない事態に陥らないために、財産を相続させる側がしっかりと対策を講じておく必要があります。あらかじめ相続人の納税資金だけは別にプールして残す手配をしておきましょう。

この章では、できれば生前にやっておいていただきたい納税対策についてお伝えします。

被相続人が納税資金を用意する手順は、次のとおりです。

**1 相続税額を知る**
**2 納税資金を用意する**
**3 どれを納税資金として使ってほしいのかを相続人に伝える**

## ▼相続税を節税しながら納税資金を準備できる!?

納税資金の確保と節税を同時に行う、一石二鳥の対策があります。

例えば、「**生前贈与**」です。

生前贈与をして、相続人に事前に現金を渡しておくことで、納税資金を賄《まかな》うことができます。贈与をする際には、「これは相続税の納税資金に使いなさい」などと指定することもできますので、これはやっておいたほうがいいでしょう。

生前贈与については、119ページに詳しく書いています。

また、「**生命保険」を使って納税資金をつくることも有効**です。

相続時に受け取った死亡保険金を納税資金にしてもらうのです。

被相続人が亡くなったことによって死亡保険金を相続人が受け取った場合には、その保険金は「みなし財産」として相続税の課税対象となります。

ですが実は、生命保険には残された家族の生活のための資金という理由から非課税枠が設けられていて、**【法定相続人の数×500万円】までの金額は相続税の課税対象から外されます。**

つまり、この非課税枠分の金額は、そのまま受取人に無税で受け渡すことができるということです。

法定相続人が3人いるとすれば、合計1500万円までの生命保険には相続税が課されないのです。

現金で1500万円を保有していたら、相続時にはその金額にダイレクトに相続税がかかります。しかし生命保険に加入してその現金1500万円を生命保険に入れておけば、相続時にはその1500万円を相続税0円で、相続人に渡すことができるのです。この受け取った保険金は、納税資金に充《あ》てることもできます。

また、非課税枠以上の金額には相続税が課されるため「1人あたり500万円以上の生命保険は掛けてはいけない」と勘違いしている人がたまにいます。

500万円を超えても問題ありません。超えた分は相続税を支払えばいいだけの話です。

現金で相続するよりも生命保険を介して受け取ったほうが非課税枠がある分、節税になります。さらに死亡保険金はキャッシュで受け取ることができるので、相続税がかかったとしても、納税資金としての十分な資金を受け継ぐことができる可能性が高いのです。

財産がある人のなかには「お金はもうあるから」といって、生命保険に加入していない人もいらっしゃいます。生命保険に加入しておけば、納税資金にも、節税にもなります。

ぜひ有効に活用していただきたいです。

生命保険は年齢が高かったり、持病があったりすると加入できないと思われていますが、70代・80代でも疾患があっても加入できるものはあります。何歳であっても生命保険をあきらめず、対策をしていただきたいです。

## ▼どんな保険を選んだらいいのか

生命保険を使って節税する際に、「どんな保険を選んだらいいのか」と質問をされることがあります。「積立型の生命保険で、保険金額が高い保険を選びましょう」と、お答えしたいのですが、年齢や健康状態によって加入できる生命保険は少なくなっていきます。だから入れるうちに保険に加入しておきましょう。

また生命保険は、契約形態によって税金の種類が変わります（図10）。

夫（父）が被保険者の場合

(1)夫（父）自身が保険料を支払って、法定相続人である妻子が保険金を受け取る場合は「**相続税**」

（契約者＝被保険者）

(2)妻が保険料を支払って、妻が保険金を受け取る場合は「**所得税**」

図10

## 被保険者、契約者、受取人の関係によって支払う税金の種類が変わる

| | 条件 | 被保険者 | 契約者（保険料の支払者） | 保険金受取人 | 税金の種類 |
| --- | --- | --- | --- | --- | --- |
| 死亡保険金（終身保険、定期保険など） | 契約者＝被保険者 | 故人（夫） | 故人（夫） | 妻か子供（法定相続人） | 相続税 |
| | 契約者＝受取人 | 故人（夫） | 妻 | 妻 | 所得税（一時所得） |
| | 契約者 被保険者 受取人が異なる | 故人（夫） | 妻 | 子供 | 贈与税 |

（契約者＝受取人）

(3)妻が保険料を支払って、子が保険金を受け取る場合は「**贈与税**」

（契約者、被保険者、受取人が異なる）

そのため〝相続税〟の非課税枠を適用したい場合には、保険の契約形態を「契約者＝被保険者＝被相続人」にして、「受取人は法定相続人」にしてください。

ここを間違えてしまうと、所得税か贈与税が課されることになり、相続税の非課税枠も使えません。それぞれの税によって控除額や税率が違うため、よく理解しないで加入すると「思っていたのと違う！」という結果になってしまいます。この間違いをする人は多いので、ご注意ください。

## ▼生命保険には請求期限がある

生命保険のことで、もうひとつ注意点があります。

相続時に死亡保険金を請求しようと思っても、保険に入っているのかも分からず、保険会社も分からなければ、請求できません。

**保険は請求せずに放っておくと請求権が時効消滅します。**

何年で請求権が時効消滅するかご存じですか？

答えはたった3年です（かんぽ生命は5年）。

基本的に保険会社から何らかの書類が定期的に送られてきますので大丈夫かとは思いますが、手紙に気づかなかった、営業だと思って見落としてしまったなどで、うっかり請求権が時効消滅してしまわないように気をつけましょう。

また、相続人を不安にさせたり期限切れにならないようにするために、できることなら相続させる側（被相続人）が、保険証券をわかりやすいようにファイリングしておいてください。保険会社の担当者の名刺とセットで「この人に電話をすればいいからな」と言っておいてもらえれば安心です。

## 不動産を売って納税資金をつくる

不動産を使って納税資金の確保をすることもできます。財産に不動産が多くて現金が少ない場合は、あらかじめ土地を売っておけば、現金を用意することができます。

また不動産を現金にかえてしまうと節税効果が薄まってしまうことを懸念される人は、遺言書に「●●の土地は共同相続して、売却し、相続税の納税に充《あ》ててほしい」などと書いておいてください。納税資金を確保できて、節税もでき、モメることのない相続方法を指定しておけば、思うとおりに相続を進めることができます。たとえ多少モメてしまったとしても、相続人が納税資金に困ることはないでしょう。

ただし不動産を売る場合は、気をつけておきたいポイントがあります。

### ▼不動産売買の媒介契約の種類

相続不動産を売るには、まず不動産業者に相談しますよね。そこで土地の売買を媒介してもらう契約をします。これを媒介契約といいます。

媒介契約には「一般」「専任」「専属専任」の3つの種類があります。

・一般媒介契約
複数の不動産業者に媒介を依頼できます。もちろん、売主が見つけてきた相手とは不動産業者を介さなくとも取引できます。

・専任媒介契約
1社の不動産業者のみと媒介契約を結びます。売主が見つけてきた相手とは不動産業者を介さなくとも取引できます。

・専属専任媒介契約
専任媒介契約と同じく、1社の不動産業者のみと契約を結び、その不動産業者が媒介をします。契約した不動産会社が見つけてきた相手としか取引できないという契約です（売主が見つけてきた相手とも取引できません）。契約の有効期限は最大3カ月です。

また、不動産を売る場合に注意点があります。
**不動産は売ろうと思ったときに、すぐ売れるものではありません。**半年以上時間がかかることもあることを覚悟しておきましょう。

特に、相続発生後に売る場合、その土地の所有者が決まっていないと売ることができません。土地を誰にどう分配するかでモメているうちに、期日が迫ってしまう可能性もあります。

不動産を売って納税資金をつくるためには、とにかく早めに動いておくことが大切です。

## 相続税が払えないときは、どうすればいい？

### 分割で支払う「延納」、物で支払う「物納」

**相続税は現金一括納付を目指すのがベスト**です。

さまざまな納税対策を行ったとしても、現実には「相続税を支払うための現金がない」事態もあり得ます。

そんなときはどうしたらいいのでしょうか。実は相続税は納税者の申請によって年賦《ねんぷ》、つまり分割で支払うことが可能です。国側からすれば「分割でいいからお金で払ってね」

ということですね。これを「延納」といいます。

延納を申請するには次の要件をすべて満たす必要があります。
・相続税額が10万円を超えること。
・金銭で納付することを困難とする理由があり、かつ、その納付を困難とする金額の範囲内であること。
・延納税額及び利子税の額に相当する担保を提供すること。ただし、延納税額が100万円以下で、かつ、延納期間が3年以下である場合には担保を提供する必要はありません。
・延納申請にかかる相続税の納付期限、または納付すべき日（延納申請期限）までに、延納申請書に担保提供関係書類を添付して税務署長に提出すること。

延納が無理な場合、換金性のあるもので払う「物納」もありますが、認められにくく、価値を低く見られてしまいがち、というデメリットがあります。

延納・物納の申請は、相続財産のすべてが未分割の状態ではできません。

一部でも誰が受け継ぐか分割が決まっている財産があれば、それを担保に申請ができます。もし、まったく財産の分割が進んでいない状態で延納申請したい場合は、相続人の現在持っている財産を担保にすれば可能です。

繰り返しますが、相続税は現金一括納付を目指すのがベストです。

## ▼相続税の延滞と時効

**実は相続税は最長7年で時効となります。**

でも「時効を過ぎたら払わずに済むから逃げ切ればいい」……なんてことにはなりません。強大な調査権限を持つ税務署が気づかないはずはありませんし、彼らは絶対に見逃してはくれません。

だから、相続税がかかるにもかかわらず期限までに申告をしなかったり、延納の手続きも取らなかった場合は、必ず「無申告加算税」「延滞税」などの追徴課税がかかります。

また「連帯納付義務」によって、他の相続人に迷惑をかけることにもなってしまいます。

相続税には、**相続人全員が連帯して責任を負うという「連帯納付義務」**があります。

もしも相続人のうちの誰かが相続税を延滞してしまっている場合、他の相続人に対しても、相続税と延滞税が請求されてしまう可能性があるのです。

その際には、他の相続人は自分が相続した財産の範囲内で、未払い分の税金を支払わなければなりません。

## 相続税の罰金「追徴課税」とは？

ここで追徴課税について説明しましょう。

「相続税を納税期限までに納めなかった」「税務署に申告した相続税が実際よりも少なかった」など、正しくない納付をした場合に、元の支払わなければいけない相続税とは別に、ペナルティーとして追加で支払わなければいけない税金のことを〝相続税の追徴課税〟といいます。

追徴課税は主に4つあります。

**⑴無申告加算税**

相続税の申告を行う必要があるにもかかわらず、申告期限までに申告をしなかった場合に課される税金。

本来納税すべき額について50万円までは15％、50万円を超える部分については20％の税率による無申告加算税が課されます。

**⑵延滞税**

税金が定められた期限までに納付されない場合に、原則として法定納期限の翌日から完納する日までの日数に応じて課される、利息に相当する税金。

納付期限の翌日から2カ月を経過する日までは、年「7・3%」か「特例基準割合+1%」のいずれか低いほうが加算されます。2カ月を経過する日の翌日以降は年「14・6%」か「特例基準割合+7・3%」が加算されます（特例基準割合は毎年変動します。令和3年1月1日から12月31日は、納期限から2カ月以上経過している場合は年8・8%です）。

### ⑶過少申告加算税

相続税を申告・納税したけれど、それが本来の税額よりも少ない金額で申告した場合に課される追徴課税。本来の税額に対して10〜15%が加算されます。

### ⑷重加算税

仮装や隠蔽《いんぺい》など、明らかに悪質な場合に課される追徴課税。本来の税額に対して35〜40%が加算されます。さらに仮装・隠蔽に対するものは、配偶者の税額軽減も受けられなくなります。

## 相続税の税務調査が来てしまったら？

相続税の税務調査とは、相続税の申告後、その内容にもれや不備などがないかを確認するため、税務署の職員が行う調査です。

個人宅には突然訪れることはなく、電話でアポイントメントを取ってから、お互いの都合のいい日時に訪問します。

税務署が来るとなると、何かものすごく重大に捉えてしまう人もいるのですが、相続税を納税した人の5人に1人くらいの割合で税務調査を受けています。どんなにきちんと申告していても税務調査は入る可能性があるものです。

特に税務調査の対象になりやすいのは、次のようなケースです。

・税務署が把握している財産と申告した相続財産の差が大きい
・子供や孫、配偶者などの名義預金《めいぎよきん》とみられる預金がある
・多額の借入金があるが、それに見合った財産がない
・海外に多額の資産を持っている
・過去に被相続人が相続した財産が相当減っている

国税庁には「国税総合管理（ＫＳＫ）システム」というコンピュータシステムがあり、

私たちの支払った税金や財産の情報を蓄積しています。被相続人の財産ももちろん把握されていますから、相続税の申告と矛盾があれば、簡単に見つけ出されてしまいます。

## 税務調査の流れ

税務調査の連絡が来たら、たいていの人は慌ててしまうでしょう。まず一番にすべきことは、税理士への相談です。

どういうことを聞かれそうかを事前にミーティングしたり、税務調査に立ち会ってくれたりもします。自分で申告した場合でも、税務調査の立ち会いだけでも引き受けている税理士事務所もありますので、相談してみてください。

個人の税務調査はほとんどが1日で終了します。

午前中は世間話のような雰囲気でヒアリングをします。

「亡くなったお父さんの趣味はなんですか」とか「どこに勤務されていたんですか」とか、お金の管理や、ギャンブルをするかなどの金銭感覚についても、ごく自然に踏み込んできます。

午後には午前中のヒアリングをもとに、気になることを聞いてきます。

例えば「父は亡くなる前の1年間は脳梗塞をしたあと寝たきりで……」と相続人が午前

中に言ったことを受けて、午後には「1年間寝たきりだったそうですが、通帳を拝見すると亡くなる3カ月前に300万円を引き出されていますが、これは誰がおろしたのですか？　まさかご本人じゃないですよね？」などと聞いてきます。贈与でもないし、相続税の申告にも現金で300万円が含まれていないとなると「このお金はどこにいったんですか？」と言われても、答えに詰まってしまいますよね。そうならないように信頼できるプロに相談しながら、相続を進め、問題のない申告をしていくことが大切です。

個人宅を調査する税務署員は、こわくありません。むしろとても話しやすい、感じのいい雰囲気の人が多くいます。聞き取りのプロだからかもしれません。

税務調査の当日の対応で一番厄介《やっかい》なのは、記憶が曖昧《あいまい》なのに税務署員に対して分かったフリしてしまうことです。「多分こうだと思う」「こうだったかな？」みたいなことを口走ると、たちまち言質《げんち》を取られます。分からないことは「分からない」でいいです。「今は分からないから、後で回答してもいいですか？」という感じで答えてください。

相続税の税務調査は、相続人などへの聞き取り調査のほか、取引先、銀行口座なども調査対象になります。

図11

税務調査の流れ

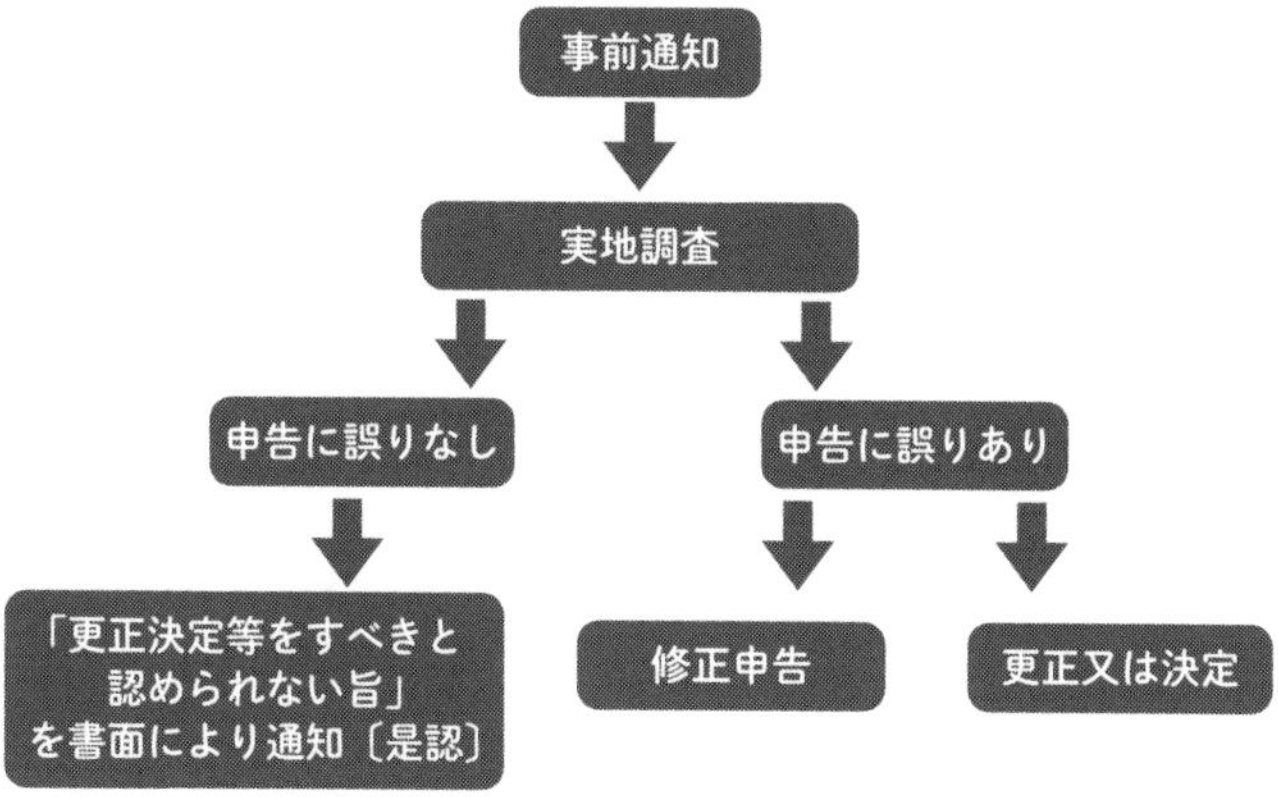


## ▼税務調査の結果は3種類

税務調査の後、数週間後に調査結果が伝えられます。

結果は「是認」、「修正申告」、「更正」のどれかになります（図11）。

・**是認**……申告漏れや不備が見つからなかった場合は、申告内容がそのまま認められます。特に手続きは不要です。

・**修正申告**……相続税申告に誤りが見つかった場合、納税者側が自ら申告書を修正して再度申告、不足分を納税します。

・**更正又は決定**…相続税申告に誤りが見つかり、それを認めない場合、税務署からの処分を受けるというものです。「更正」は期限内の申告に対して税額を正す処分で、「決定」は期限後の申告の税額を正したり、無申告の相手に税金を課すことをいいます。

修正申告と更正になった場合は、「延滞税」「過少申告加算税」「重加算税」の追徴課税が課されます。もし申告後にミスが見つかった場合は、こわがらずに、もれやミスを元の申告書に加えるように修正申告書を提出しましょう。

また相続税を支払い過ぎてしまった場合は、返金（還付）してもらうことが可能です。なるべく早く更正請求書を提出して還付してもらうようにしましょう。

# 第4章

# 相続税で損をしている人が9割!?

## 節税対策

相続税がかかる場合、節税対策をしていないと大損をしてしまいます。

弊社のお客さんで、親が亡くなって初めて、現金で約8億円もの相続財産があることが分かった人がいます。生前親御さんはプレハブのような家に住み、質素な暮らしをしていたので、相続税がかかるほどの多額の資産があるなんて、実の子供ですら想像もしていなかったそうです。

もちろん相続財産が多いことは喜んでいました。が、何も相続対策をしていない状態で相続を迎えることになったので、結果的に1億円以上の相続税を納めることになりました。亡くなった親としては「相続税が払える分だけの遺産があるからいいや」と思っていたかもしれません。財産以上の相続税がかかることはありませんから。

でも生前にしっかりと節税対策をしていれば、きっと半分以下に減らせたはずでした。亡くなった親の世代を考えると、おそらく戦後の本当に大変な時代をくぐり抜けて爪に火を灯す思いで貯めてきたお金だと思います。そんな貴重な財産を、税金でたくさん持っていかれていいのでしょうか。

このように節税対策をしていなかったことで、多額の相続税を支払ってしまうことのないように、本章では、相続税の支払いを必要最小限に抑えるための節税対策についてお伝えしていきます。
念頭に置いていただきたいのは、節税対策は、相続に直接かかわる人たち自身が実行していかなくてはいけないということです。

よく「税理士の先生にお願いしておけば、税金は安くなるんでしょ？」と言われますが、違います。専門家がいくら素晴らしいアイデアを出しても、家族の皆さんの協力なしでは実行できません。そのことを前提にお読みいただければと思います。

節税対策 1

# 「控除」を利用した節税

## 「基礎控除」の改正を知らないと、一瞬で1000万円失ってしまう!?

前章で基礎控除についてお伝えしましたが、実は基礎控除は、平成27年に改正されたばかりです。改正前と比べて、基礎控除額はなんと40％も下がりました。現在は相続人が3人だと基礎控除額は4800万円ですが、平成26年の時点では8000万円だったのです（図12）。

図12

## 改正された基礎控除

### 基礎控除額の計算式

【平成26年12月31日以前】

5,000万円 ＋ （1,000万円×法定相続人の数）

法定相続人が3人の場合は、
基礎控除額が8,000万円

↓

【平成27年1月1日以降】

3,000万円 ＋ （600万円×法定相続人の数）

法定相続人が3人の場合は、
基礎控除額が4,800万円

そのため平成26年以前に相続税のことを学んでいたり、相続の経験がある人のなかには、「自分は8000万円も相続財産はないから、相続税の対象ではない」などと安心しきっている人が少なからずいます。

改正されていることを知らなかったがために申告をする必要があるということ自体を知らず、税務署に言われてから気づいて申告をするため、多額の追徴課税を払うケースが後を絶たないのです。

追徴課税は1000万円になる場合もありますし、相続額によっては、2000万から3000万円になる可能性もあります。

とにかく、基礎控除額が改正されているという基本的な知識がないと、大金を失ってしまうことになるのです。

今回、**基礎控除額が引き下げられたことで、相続税を払う人の範囲がグンと広がりました。**

これまでは「相続税を払うのはお金持ちだけだ」という認識が少なからずありましたが、相続財産は持ち家の自宅と預金が少しというだけでも相続税がかかり、申告が必要になってくる可能性が出てきたのです。特に都市圏にお住まいの人は要注意です。

本人が気づいていないだけで「すでに庶民じゃないよ」という人はたくさんいます。お金や土地があっても質素に暮らしている人は多いです。だからその分、知らず知らずのうちにお金が貯まっています。

例えば、食費と光熱費で年間120万円（月10万円）の生活をしていて、年収が400万だとすると、250~280万円は手元に残ります。そんな生活を20年間続けると5600万が貯まっていることになります。その上で親から引き継いだ土地建物が1500万円分あったとすると、これで7100万円もの財産を持っていることになります。

法定相続人が3人の場合、昔の基礎控除額なら相続税の申告は不要でした。しかし、現在は法定相続人が3人の控除額は4800万円です。2300万円ほどオーバーしていますから、申告が必要です。

「うちの両親は質素な暮らしをしているな」と思っていても、いつの間にかあなたの親も「お金持ち」になっているかもしれません。

「うちはお金持ちではないから、相続税がかかるわけがない」などと思い込んで相続税の試算もしないままスルーするのではなく、しっかりと確認をしてください。

## ▼節税の裏ワザ「孫を養子にする」ってどういうこと？

「孫養子」という言葉を聞いたことがあるでしょうか。

血のつながった自分の孫を養子にして法定相続人にするという、相続税節税の方法です。

相続では、相続税の基礎控除額や生命保険の非課税枠の計算、いわゆる税金がかからないラインの計算をするとき、法定相続人の数がとても重要です。

【基礎控除額と生命保険の非課税枠の計算式】

基礎控除額＝3000万円＋（法定相続人の数×600万円）

生命保険の非課税枠＝法定相続人の数×500万円

どちらも法定相続人の数が計算式に含まれています。

そのため基礎控除額、生命保険料の非課税枠については、法定相続人の数を増やせば、それだけ税金がかからない部分が増えます。

このことを利用して、**基礎控除額や生命保険の非課税枠の額を上げるために、養子縁組をして、法定相続人を増やすという節税策**があるのです。

相続人が子供2人だけの場合と、孫養子を1人加えた例で計算してみましょう。

【子供2人だけの場合】
基礎控除額＝3000万円＋2×600万円＝4200万円
生命保険の非課税枠＝2×500万円＝1000万円

【子供2人＋孫を1人養子にした場合】
基礎控除額＝3000万円＋（2＋1）×600万円＝4800万円
生命保険の非課税枠＝（2＋1）×500万円＝1500万円

基礎控除額で600万円、生命保険の非課税枠で500万円、合計で1100万円も違います。孫養子を1人入れるだけで相続税申告の必要がなくなる人も出てくるでしょう。

**また、孫を養子にするメリットとして、相続税を1回分飛ばすことができることがあげ**

**られます。**

一般的に、相続は親子の間で行われます。親が亡くなったときは子供に財産が相続されて、その子供が亡くなったときにはその子供の子（孫）に財産が相続されていきます。だからもし孫がいる人が被相続人である場合は、その孫は2回目の相続時に相続を受けることになります。要するに、相続税が2回発生するということです。

ですが、もしも孫を養子にしておけば、相続税を支払う回数は1回だけになるので、相続税を抑えられる可能性があります。

### ▼養子縁組する際の注意点

ただし孫を養子にするときには、注意点が2つあります。

1つは、民法上の養子の数には制限はありませんが、**法定相続人に加える養子の数には人数制限があります。**自分の血がつながった子供がいる場合の養子は1人まで、子供がいない場合は2人までです。

2つ目は、孫を養子にした場合は相続税額が2割加算されるということです。

配偶者・子供・親以外が相続や遺贈によって被相続人の遺産を取得した場合は、相続税を2割増しで支払わなくてはいけません。

養子は2割加算の対象ではありませんが、〝**孫を養子にした場合**〟**に限っては、養子でも2割加算の対象**となります。

この法定相続人に加える孫養子の人数制限と2割加算に気をつければ、孫を養子にして相続人を増やすことで節税対策ができます。

ただ、節税ありきの養子縁組は認めないという見解もあります。税務調査が入った際には節税のみが目的だと思われないよう「なるべく早い段階で下の世代に財産を承継させるため」などといった理由を明確にするようにうながしています。

また孫でなかったとしても、養子がいる人には知っておいていただきたい注意点があります。それは、**養子の子には代襲相続されないことがある**ということです。

相続税対策で、法定相続人の数を増やすために養子に入ってもらったとします。

もし、その養子が先に亡くなってしまった場合、養子の子供は代襲相続できるのでしょうか?

代襲相続とは、簡単にいうと、本来相続人になるはずの人が死亡などの理由で相続できないときに、その人の子が代わりに相続する制度です。養子の場合でも、代襲相続はできると思っている人が多いと思いますが、これには例外があります。

図13

養子縁組前に生まれた養子の子供は代襲相続の対象外

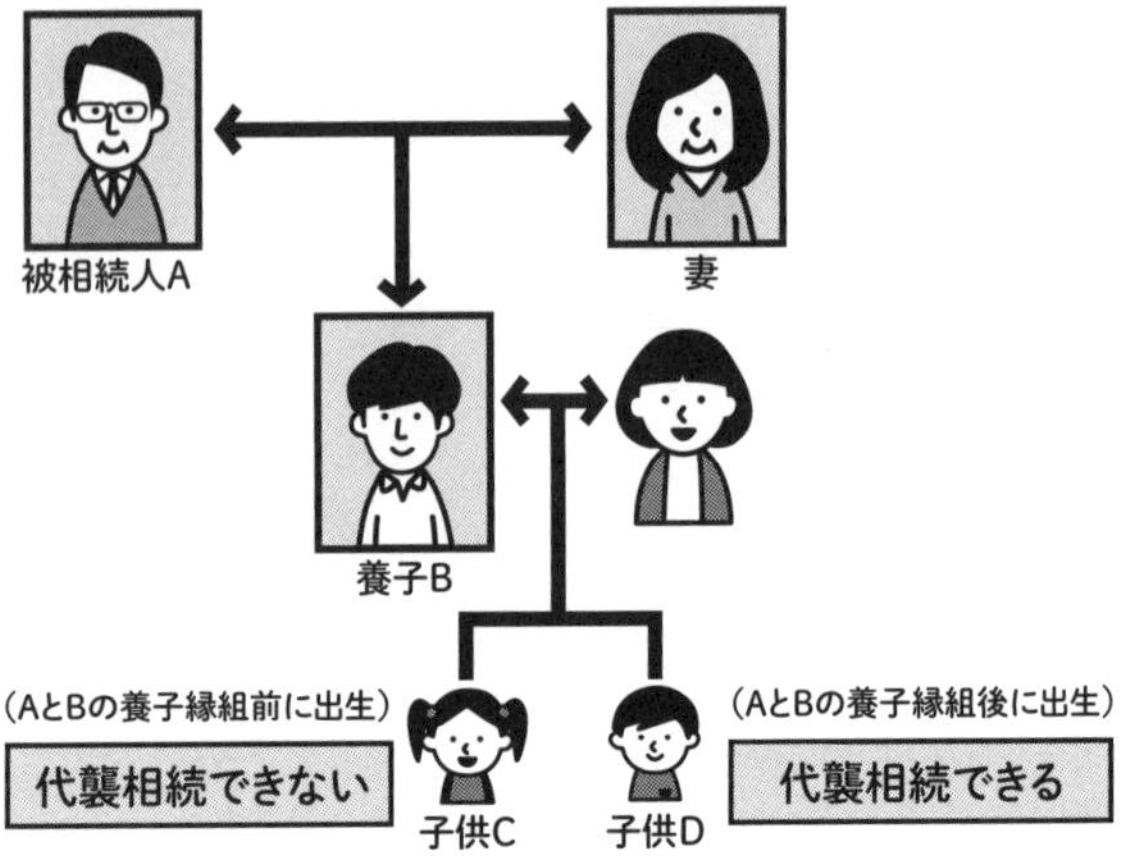


その養子の子が、いつ生まれたかによって変わるのです。

**出生が養子縁組の前だった場合は代襲相続ができない**というルールになっています。

具体的にいうと、（図13）の子供Cは、養子Bが被相続人Aと養子縁組する前に生まれたため、代襲相続することができません。

子供Dは養子縁組後に生まれたため、代襲相続することができます。

## 「配偶者の税額軽減」は大きな節税ポイント

相続税は、配偶者に対する税額軽減がとても大きいのが特徴です。**配偶者には、手にする遺産額が「1億6000万円まで」または「法定相続分の金額まで」は相続税を払わなくていい**という配偶者の税額軽減があります。

具体的には、配偶者が相続した遺産のうち、課税対象となるものが1億6000万円以下であれば、相続税は無税。もし1億6000万円を超えても配偶者の法定相続分（多くの場合、遺産額の2分の1）までの金額であれば相続税がかからないということです。

ひとつ例をあげてみましょう。

（図14）のケースでは、法定相続人は配偶者（妻）と長男です。課税対象となる相続財産が4億円だった場合、妻の「配偶者の税額軽減」は、いくらになるでしょうか？

配偶者の税額軽減では、「1億6000万円または法定相続分の金額」が控除できます。

このケースの場合、妻の法定相続分は2分の1です。

そのため、後者の「法定相続分の金額」を選択すれば、4億円のうち2億円には相続税がかかりません。無税で受け取ることができるのです。

図14

## 配偶者の税額軽減

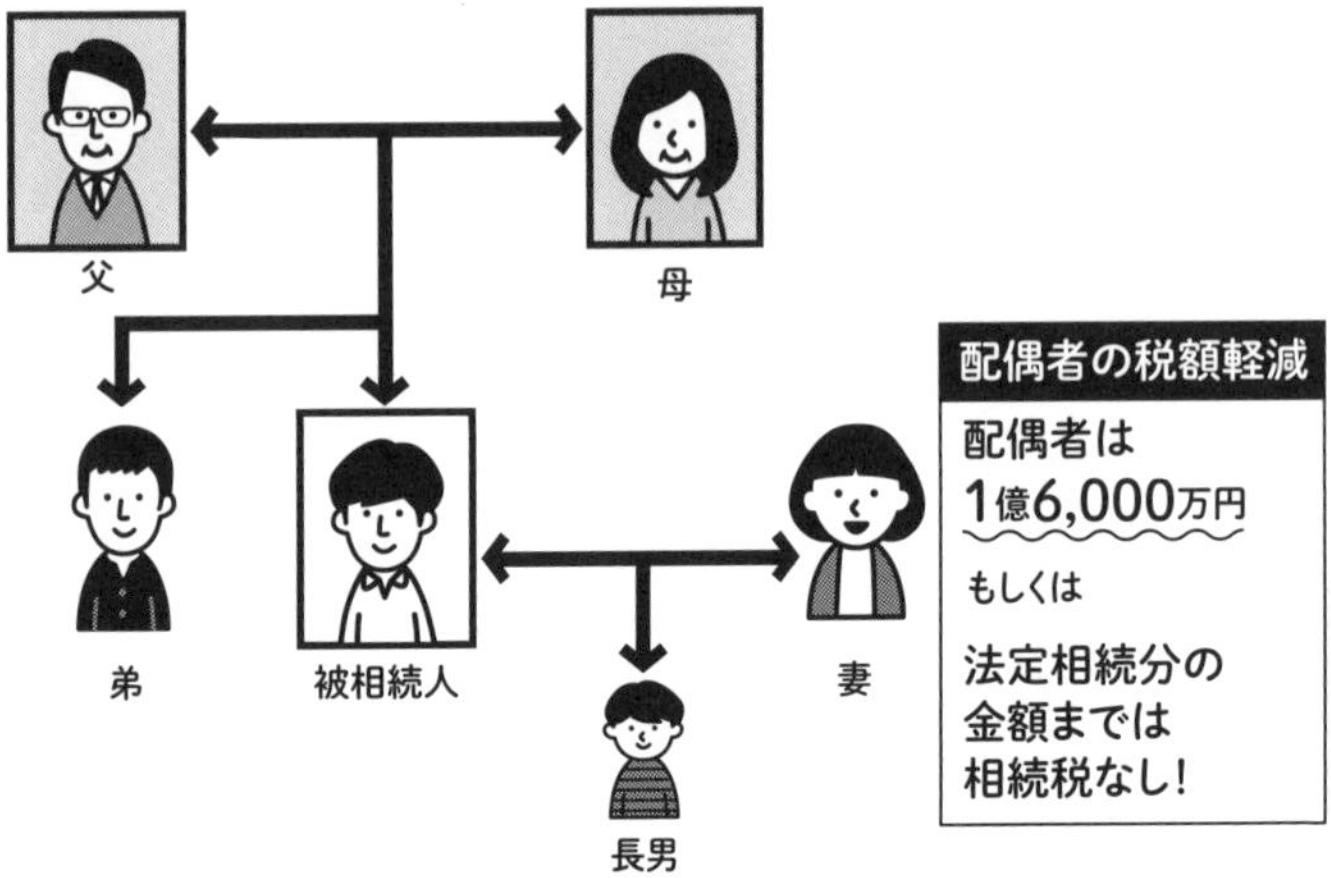


では、同じケースで、長男が相続放棄した場合はどうなるでしょうか。

法定相続人は配偶者（妻）と故人（被相続人）の弟になります。そのため、法定相続分は、配偶者（妻）は4分の3（このケースでは3億円）、弟は4分の1（1億円）に変わります。

ここで「配偶者の税額軽減が3億円になった！」と喜ぶ人がいますが、違います。

長男が相続放棄をして相続人から外《はず》れたとしても、法定相続人としての立場はなくなりません。よって法定相続分は2分の1のまま、控除も2億円まで、となります。

### ▼配偶者の税額軽減を生かした節税策

配偶者の税額軽減を利用した節税策として、**一次相続では、控除の大きい配偶者に、遺産**

**を多く相続してもらう節税策が有効です。**

法定相続人は妻と長男の合計2人。被相続人（夫）は1億円の遺産を残して亡くなったとします。

この場合、法定相続分に従って相続したら、妻は配偶者の税額軽減を使って相続税は0円になりますが、長男には385万円の相続税がかかってしまいます。

しかし、妻だけに遺産を全額渡した場合は、相続税は、妻も長男も相続税がかからないのです（図15）。

このように相続人に配偶者（妻）がいる場合は、配偶者（妻）が多くの遺産を相続すると、相続税がかからなくなるか、かかっても少額で済ませることができます。

ただし、その妻が亡くなった二次相続の場合には、子供に多額の相続税が課される可能性があり、次回の相続では逆に不利に働くこともあります。

そのため、その場しのぎにならないように先を読んだ二次相続対策が必要です。

## ▼贈与税の配偶者控除

配偶者に対する優遇措置はほかにもあります。例えば、「贈与税の配偶者控除」です。

これは**婚姻期間20年以上の夫婦間で、「居住用不動産（いわゆるマイホーム）」または「居**

図15

## 一次相続では配偶者への相続を多めにすることで節税できる!

被相続人
(夫)

相続人:妻、子供 計2人
遺産総額:1億円

**遺産総額1億円−基礎控除額4,200万円**
**=課税対象額5,800万円**

### 法定相続分で分けた場合

**法定相続分**
**2分の1ずつ**

妻

相続額:5,000万円
相続税の対象となる額:
2,900万円

↓

**1億6,000万円以下なので**
**配偶者の税額軽減で相続税は0円!**

長男

相続額:5,000万円
相続税の対象となる額:
2,900万円
相続税:385万円
(2,900万円×15%−15万円)

↓

**相続税がかかる!**

### 妻にすべての遺産を相続させた場合

妻

相続額:1億円
相続税の対象となる額:5,800万円

長男

相続額:0円

↓

**1億6,000万円以下なので**
**妻も長男も相続税は0円!**

**住用不動産を購入するための金銭」を贈与した場合には、2000万円までなら贈与税はかからない**という特例です。同じ配偶者からは一生に一度だけ適用できます。

ほかにも、配偶者に自宅を贈与しておくと、自宅を相続税の課税対象に含めないという優遇措置もあります（詳細は202ページ）。

とにかく配偶者には相続税の優遇措置が数多く設けられていますので、相続人に配偶者がいる場合は、ぜひ優遇措置を利用してください。

## 6種類ある相続税の「税額控除」

相続税の税額控除は、相続人の特質や被相続人との関係に応じて、相続税額から一定の金額を控除できるものです。相続人ごとに使えたり、使えなかったりするものがあります。相続税を減らす効果があるので、納税者にとって有利な制度です。要件に該当した場合には、忘れずに控除を適用し、相続税を最大限節税してください。

税額控除は全部で6種類あります。

**(1)贈与税額控除**

贈与税額控除は、暦年贈与《れきねんぞうよ》（暦年、つまり1月1日から12月31日までに行う贈与のこと。贈与の額が年間110万円以上の場合は、受け取った人に贈与税がかかる）を、相続開始前の直近3年間に被相続人が相続人にしていて、贈与税を支払っている場合、贈与税ではなく相続税として計算されるルールです。

被相続人から相続人に贈与があった場合、相続発生から3年以内の財産については相続財産に持ち戻して考えるというルールがあるため、そのまま計算すると贈与税と相続税の二重課税が生じてしまいます。そのため贈与税額を相続税から控除するのです。

贈与税を支払っていない場合も相続財産に持ち戻して計算されます。また、贈与税額が相続税額を上回っていた場合に差額の還付はありません。

**(2)配偶者の税額軽減**

前述したように、被相続人の配偶者が相続または遺贈により財産を取得した場合、取得した財産が〝1億6000万円〟か〝配偶者の法定相続分相当額〟のどちらか多い金額までは、相続税はかかりません。配偶者の税額軽減は控除額が大きいため、大きな節税効果があります。

### ⑶未成年者控除

相続開始時に法定相続人が未成年者である場合は、その相続人が成人するまでの養育費や教育費を考慮して、満20歳になるまでの年数1年につき10万円が控除されます。

控除額は、【10万円×（20歳−相続開始時の年齢）（1年未満は切り上げて1年）】です。

例えば5歳の息子を残して父親が死亡した場合、満20歳になるまで15年間ですから150万円の相続税が控除されます（10万円×〈20−5〉＝150万円）。

なお、控除し切れないときは、扶養義務者の相続税額から差し引くことができます。

### ⑷障害者控除

相続人が障害者である場合は、満85歳に達するまでのその相続人の生活保障などを考慮して、1年につき10万円が控除されます（特別障害者の場合は1年につき20万円）。

控除額は、【10万円×（85歳−相続開始時の年齢）（1年未満は切り上げて1年）】。

・障害者控除が適用になる人……身体障害者手帳3～6級の人、精神障害者保健福祉手帳の障害等級が2級または3級の人、療育手帳など取得している人など

・特別障害者控除が適用になる人……身体障害者手帳1～2級の人、精神障害者保健福祉

手帳の障害等級が1級の人など

なお、控除し切れないときは、扶養義務者の相続税額から差し引くことができます。

### (5) 外国税額控除

外国にある相続財産を相続した場合、同じ財産に国内と外国で二重に課税されることを防ぐため、外国で支払った相続税は、その人が日本で支払う相続税から控除できます。

上限額は次の①または②の少ないほうの金額です。

①外国で実際に支払う日本の相続税に相当する税額

②日本の相続税額×国外財産の価額÷相続財産の総額

### (6) 相次《そうじ》相続控除

例えば父親が亡くなって（一次相続）数カ月後に母親が亡くなった（二次相続）場合など、10年以内に2回以上相続が発生してしまった場合、短期間で重い税負担がかからないよう、二次相続では相続税額から一定の金額を控除することができます。

複雑になりますので計算方法の解説は省略しますが、一次相続と二次相続との期間が短いほど控除額が大きくなります。

節税対策
2

# 生前贈与

## 「110万円贈与」「111万円贈与」「310万円贈与」どれが効果的？

「贈与」とは、誰かが別の誰かに財産を無償で与え、相手側が受け取る契約のことです。

贈与は、親族に限らず誰にでも、人数の制限なく行うことができます。友人や恋人、赤の他人に贈与をしても、特に問題はありません。

相続ではよく「生前贈与」といいますが、贈与は生前に行う契約ですので、すべての贈与が生前贈与であるともいえます。贈与をして財産を減らすことによって、相続税の節税をすることができます。

ときどき「子供を甘やかしてはいかん」みたいな感覚で、生前贈与を一切しない人がいます。ですが、年配者がずっとお金を握っているのもどうなのだろうと思います。

子供の世代にお金が渡れば、孫世代の教育資金などとして有効に使われる可能性があります。たしかにムダ遣いもするかもしれませんが、それはそれで日本の経済を回すことにはなると思います。

ただ相続に「相続税」があるように、生前贈与にも「贈与税」という税金があります。相続税よりも贈与税のほうが税率が高いので、贈与で相続税の節税を狙う場合は、注意深く行う必要があります（図16）。

ちなみに、いくら以上の金額を受け取ると贈与税がかかるのかご存じですか？

**年間110万円以上の贈与を受け取ると、贈与税がかかります。**

贈与税にも基礎控除があり、その基礎控除額は年間110万円です。

つまり基礎控除額（年間110万円）を超える財産を受け取っていれば、贈与税の申告をして税金を納める義務が発生します。しかし、それ以下であれば贈与税の申告は不要ということです。

## ▼節税策の定番「110万円贈与」

この贈与税の基礎控除を利用した節税策として、「110万円贈与」があります。

贈与税がかからない金額である110万円を、毎年こつこつと贈与していくのです。

たった110万円と思われるかもしれませんが、それが10年積み重なっていけば、1100万円を相続人に無税で渡すことができます。

図16

## 相続税の速算表と贈与税の速算表の比較

### 相続税の速算表

| 各人の課税標準金額 | 税率 | 控除額 |
|---|---|---|
| 1,000万円以下 | 10% | ― |
| 3,000万円以下 | 15% | 50万円 |
| 5,000万円以下 | 20% | 200万円 |
| 1億円以下 | 30% | 700万円 |
| 2億円以下 | 40% | 1,700万円 |
| 3億円以下 | 45% | 2,700万円 |
| 6億円以下 | 50% | 4,200万円 |
| 6億円超 | 55% | 7,200万円 |

### 贈与税の速算表

| 贈与額から110万円の基礎控除額を差し引いた価格 | 一般的な贈与の場合 | | 父母または祖父母から20歳以上の子や孫へ贈与する場合 | |
|---|---|---|---|---|
| | 税率 | 控除額 | 税率 | 控除額 |
| 200万円以下 | 10% | なし | 10% | なし |
| 300万円以下 | 15% | 10万円 | 15% | 10万円 |
| 400万円以下 | 20% | 25万円 | | |
| 600万円以下 | 30% | 65万円 | 20% | 30万円 |
| 1,000万円以下 | 40% | 125万円 | 30% | 90万円 |
| 1,500万円以下 | 45% | 175万円 | 40% | 190万円 |
| 3,000万円以下 | 50% | 250万円 | 45% | 265万円 |
| 4,500万円以下 | 55% | 400万円 | 50% | 415万円 |
| 4,500万円超 | | | 55% | 640万円 |

また贈与は、誰に対してでも人数制限なく行うことができますので、子供、孫、甥、姪、知人A、知人Bなど計6人に毎年110万円ずつ贈与することも可能です。相続時にはその分財産が減っていますので、当然相続税も少なくなります。とてもいい節税法ですよね。

ですが、気をつけなければいけないことがあります。毎年決まった額、例えば110万円ずつを5年間もらっていたとしたら、税務署から「最初から550万円の贈与があって分割払いをしている」（連年贈与）と判断され、合計贈与額の550万円に対して贈与税がかかってしまうことがあるのです。そのため毎回、贈与契約書を作成することがおすすめです。

## ▼ひそかに注目を浴びている「111万円贈与」の真相

それを避けるために、ちまたでは110万円の枠を逆に利用して、**111万円を贈与し、オーバーした1万円の10%、つまり1000円だけ贈与税として納税するという「111万円贈与」の手法が、まことしやかにささやかれている**のです。

「111万円贈与」といわれるこの都市伝説のような節税法は、実際にいい節税法なのでしょうか？

真相を探ると、じつは111万円贈与の申告書は、税務調査を呼びこむ可能性があることがわかりました。

わざわざ多めに贈与して贈与税の申告書を出すというのは、税務署に対するアリバイ工作のように見えます。そんなことをするのは、ちょっとやましいことがあるのではないかと疑われてしまうのです。

また、贈与税の申告書は、贈与者（財産を渡す人）によって提出できてしまうため、贈与を受けた人が何も知らないケースもあります。

そのため贈与者がなにかを隠すために利用することも可能なため、贈与税の申告書だけでは贈与があった証拠にはならないのです。

ですから、**１１１万円贈与をして贈与税を払うよりも、１１０万円の贈与を続けて、毎回「贈与契約書」を交わすほうがいいでしょう。**

## ▼もっとも有利な贈与は「３１０万円贈与」

できるだけ早く、多くの財産を分配したい人には「３１０万円贈与」をおすすめします。

相続税と贈与税の一番小さな税率は10％です。

贈与税の税率が10％の範囲は１１０万円控除後の２００万円までの、３１０万円（１１０万円＋２００万円）までです。３１０万円を贈与した場合にかかる贈与税は、１１０万円は控除されますので、200万円分にかかる10％、つまり20万円です。20万円を310万円で割るとたった6・4％です。

110万円を毎年贈与していくよりは、310万円を一度に贈与して移したほうが、短期間に多額を渡すことができます。

例えば、1人への贈与だとそれほどインパクトは感じませんが、例えば3人子供がいてそれぞれ贈与するとしたら1年で930万円を贈与できます。

さらに子供たちにそれぞれ2人ずつ子供がいて、全員に贈与するとしたら【9（子供3人＋孫6人）×310万円＝2790万円】を毎年一気に動かすことができます。

2790万円を9人に贈与した場合、合計で180万円の贈与税がかかります。

もし贈与せずに、この2790万円にダイレクトに相続税が課税された場合は、368万5000円（2790万円×15％－50万円）の相続税を支払うことになります。

このように**多額の財産があり、大幅に節税したいのであれば、110万円贈与するより310万円贈与したほうが早い**のです。

多少の贈与税を払っても、それ以上に大きな節税効果が期待できます。

## 贈与税の非課税枠を利用する

### ▼住宅取得等資金贈与の非課税の特例

父母や祖父母などから多額の資金を援助（贈与）してもらうと、本来は贈与税がかかります。

が、**父母や祖父母などから、住宅を購入するための資金の贈与を受けた場合に関しては、受贈者1人につき一定の額までの贈与税が非課税**になる〝住宅取得等資金贈与の非課税の特例〟があります。最大1500万円が非課税です。

おもな適用条件には次のようなものがあります。特例は予告なく変更されることがありますので、実際に適用を受けようとする前に必ず税理士等に確認して下さい。

・対象：父母や祖父母など直系尊属から、子や孫への贈与
　贈与を受ける人は贈与の年の1月1日現在、満20歳以上
・贈与者の所得金額：贈与を受けた年の合計所得金額が2000万円以下
・贈与目的：住宅取得等を目的とした資金
・贈与を受けた年の翌年3月15日までに、住宅用の家屋に居住すること

図17

住宅取得等資金贈与の非課税限度額

| 契約締結日 | 消費税10%（※） | | 消費税10%以下 | |
|---|---|---|---|---|
| | 省エネ等住宅 | それ以外の住宅 | 省エネ等住宅 | それ以外の住宅 |
| 令和2年4月1日～令和3年12月31日 | 1,500万円 | 1,000万円 | 1,000万円 | 500万円 |

(*) 住宅用の家屋の新築等に係る対価等の額に含まれる消費税等の税率が10%である場合

購入する住宅の床面積は、「50平方メートル以上240平方メートル以下」です。ただし、贈与を受ける側の所得が1000万円以下であれば「40平方メートル以上50平方メートル未満」の住宅でも非課税の対象となります。

また、中古住宅の場合は、耐火建築物であれば築年数25年以内、耐火建築物以外は20年以下など細かく要件が決められています。

非課税限度額は図17のとおりです。

## ▼障害を持つ人の家族に利用していただきたい「特定贈与信託」

「特定贈与信託」とは、障害を持つ子の「親亡き後」の生活を保障するためにつくられた信託制度です。

障害を持つ人の委託者（親族等）が、受託者（信託銀行等）に金銭等を信託することによって、受託者（信託銀行等）は受益者（障害を持つ人）が亡くなるまで一生涯にわたり、定期的に金銭を支払い続けるというものです。

受益者1人につき特別障害者の場合は6000万円、特別障害者以外の特定障害者の場合は3000万円を限度として、贈与税が非課税となります。有利な制度ではありますが、受託者への手数料の支払いは発生します。

## 生前贈与する際の注意点

### ▼生前贈与をする場合は、「贈与契約書」の作成を忘れずに

「贈与契約書」とは、贈与契約の内容を記録して、契約があったことを客観的に証明するものです。110万円の贈与をしたとしたら、その贈与契約書を作成する必要があります。

契約書は贈与するたびに作成します。「贈与契約書」があれば、税務署は贈与税をかける必要がないと判断します。

贈与契約書の文例はネットで調べれば出てくるので、同じようなものを作ればいいでしょう。

もっともいい形なのは、公証役場で確定日付（公証人が私文書に日付のある印章を押すこと）をもらうことです。費用は一通につき、たったの数百円です。

まとめての契約ではなく、毎回贈与契約をしていることを記録として残して、きちんと線引きをしておくことが大事です。

また、ごく稀《まれ》に、この贈与契約書を偽造しようとする人がいます。

「親族間の贈与だから契約書なんて後付けでもいいかな」と考えて、10年分の贈与契約書をいっぺんに作ってしまうのです。でも、それは税務調査で必ずバレてしまいます。

税務調査では、誰がいつ書いたのかをしっかりと調べます。紙の黄ばみなどの劣化具合、ボールペンの種類、インクの成分や筆圧なども調べようと思えば調べることが可能です。

もちろん、代筆もお見通しです。税務調査で「これどう見ても、あなたの字ですよね」という会話を何度も聞きました。これは気をつけておいたほうがいいですよ。

### ▼3年差し戻しルール

生前贈与の注意点として、相続開始前3年（被相続人が死亡した日からさかのぼって3年前）以内に、相続で財産を取得する人に対して行われた贈与は、相続税に戻して計算するというルールがあります。

要するに、**贈与されてから3年以内に贈与者が亡くなってしまった場合、その贈与は「なかったもの」と判断され、贈与された財産は相続財産とみなされる**のです。健康に対する自覚はなくても、即効性のある対策を考えているのでしたら、なるべく早く310万円贈与をしておくことを、おすすめします。

節税対策

# ③買っておきたい！　相続税がかからない財産

## 生前に仏具やお墓を購入しておく

今、純金の〝おりん〟が売れています。おりんとは、仏壇の前に置き、小さな撥《ばち》（りん棒）でチーンと鳴らすお椀形の仏具です。値段は大きさにもよりますが、ひとつ200万〜300万円で販売されています。

そんな高額なものがどうして売れているのかというと、実は相続税対策です。

原則として相続税は、被相続人のすべての財産が課税対象となります。

でも「仏壇やお墓には税金がかからない」と聞いたことはありませんか？

宗教や信仰にかかわるものはどんなに立派でも、相続税はかかりません。

そのように相続税の課税対象から外されるもののことを「非課税財産」といいます。

次のものは、非課税財産です。

これらの**相続税がかからない財産を生前に購入しておけば、相続財産がその分減ることになり、相続税を減らすことができます。**

**1 墓地・墓石・仏壇・仏具・仏像・神棚・庭内神《ていないしん》しなど日常礼拝をしている物**
**2 相続人が国や地方公共団体等に寄付をした相続財産**
**3 生命保険金の一部**（法定相続人の数×500万円）
**4 死亡退職金の一部**（法定相続人の数×500万円）

「いい話を聞いたぞ。さっそく購入しよう」と思っているあなた、ちょっと待ってください。仏壇がないのに、おりんを買っても、税務署は無税にしてくれません。

非課税財産であったとしても、「骨とう的価値があるなど投資の対象となるもの」「商品として所有している物」「日常で使っていない物」は、相続税の対象となるというルールがあるからです。

また、非課税財産は「生前に購入されていた物」のみが対象です。死後に購入しても、対象にはなりません。

そのため仏像でも、美術品や骨董品として持っていた場合には、非課税とはならず、相続税の課税対象となります。傷ひとつないおりんを大事に布でくるんで桐箱に入れている状態では、普段使っている仏具とはみなされず、相続税の課税対象となってしまうのです。貸金庫に入れて忘れてしまう、ということだけはやめてください。

だから特に買い替える必要のないものでしたら、非課税財産になるからといって無理に購入することはないと思います。そろそろ新しい物に買い替えたいということでしたら、購入して、節税に役立てていただけたらと思います。

## ▼お墓と贈与の合わせ技

もしお墓を新しく建てる計画があるなら、ぜひ生きているうちにお墓を建ててください。相続税の対象にならない財産のなかには「墓地」や「墓石」もあります。

自分の死後に子供たちにお墓を建ててもらおうと考えて現金を相続させると、そこには当然相続税がかかります。でも生前にお墓を建てておけば、墓石は非課税ですから相続税はかかりません。しかもお墓を購入した分、財産は減りますので、イコール相続税が減ります。お墓は高額ですから、相続財産を大幅に減らすことができるのです。

しかも**お墓は相続税だけでなく贈与税でもほとんどの場合非課税なので、自分の墓を建てるだけでなく、子供の分の墓も建ててあげれば、大きな節税効果が期待**できます。

ただし、気をつけたいことがあります。

お墓は大きな買い物ですから、現金でポンと支払う人ばかりではないでしょう。カード決済で分割払いにする人もいらっしゃると思います。が、墓地・墓石を購入するときは、できるだけ早めに支払いを済ませてしまうことをおすすめします。

代金が未払いのまま相続を迎えた場合、扱いが変わってくるからです。

相続では通常、被相続人が未払いになっているお金、例えばカードの引き落としや水道光熱費などの公共料金、飲食店のツケ払いなどは、相続財産から差し引けるのが大筋のルールです。

ですから、墓地・墓石の購入金額が未払いだった場合も「相続財産から差し引いてもらえる」と思いがちですが、答えはNOです。墓地という財産と判断されて、未払金は差し引いてもらえません。

相続税対策で墓地・墓石を購入する場合は、購入した人ができるだけ早く支払いを済ませておきましょう。

## 「生命保険金」と「死亡退職金」には相続税の非課税枠がある

### ▼生命保険金には相続税の非課税枠がある

相続税対策の定番のひとつに、「生命保険の非課税枠」の活用があります。

この生命保険金については前章84ページで詳しく書きましたが、ここでも節税対策のひとつとして、少し触れておきたいと思います。

被相続人の死亡によって取得した生命保険金は、みなし財産として相続税の課税対象となります。ですが保険金には、**【法定相続人の数×500万円】までの非課税枠があります。**

つまり、この非課税枠分の金額は、そのまま受取人に無税で受け渡すことができるのです。また、保険を賢く活用することで、こんなメリットもあったりします。

夫を亡くしたAさん。同居している娘さんとは残念なことに正直ソリが合いません。娘に優しくしてほしいと考えていたAさんは相続税対策を兼ねて、娘にお金を渡すことにしました。⑴と⑵のどちらを言ったら、娘さんはAさんを大切にしてくれるでしょうか？

⑴「300万円贈与してあげるから、よろしくね」

⑵「保険金300万円の受取人をあなたにしておいたから、よろしくね」

これ、どう違うのかわかりますか？

⑴は前述した贈与のことです。贈与はその場でもらえるものです。一方、⑵は保険金の受取人なので、すぐには娘さんの手にはわたりません。

その場で受け取ったほうが、ありがたみがあるかもしれませんが、長い間大切にしてくれそうなのは⑵だと思いませんか。

贈与は相続財産そのものを減らし、生命保険は相続財産の一部が非課税になる。同じような節税効果ですが、一番の違いは、贈与は一度渡したら取り返しがつきません。それに対して生命保険は取り返しがつくため、コントロールが可能ということです。

例えば生命保険の場合は、保険料を支払っている間に受取人を変更できます。さらに解約もできるのです。娘さんを脅すわけではありませんが、受取人が変更されたり、解約される可能性があるということを娘さんが知っていたら、優しくなる場面が増えるのではないでしょうか。

ただこのときにAさんが娘さんに生命保険を使って恩に着せたり、脅すようなことを言えば、親子の仲はさらにこじれてしまう可能性があります。

上下関係をつくるのではなく、お互いが想い合える関係のきっかけのひとつになりやすいのは、贈与か生命保険かでいえば、生命保険ではないだろうかということです。

さらにもうひとつ生命保険のメリットがあるとすれば、もしもAさんと娘さんが生活に困窮した場合は、保険を解約して解約返戻金を受け取れる、つまり生命保険が一種の生活保障になるということです。

生命保険の非課税枠を使っているだけに見えて、実は、もう一歩踏み込んだ活用法なのです。

### ▼死亡退職金も相続税の非課税枠がある

被相続人が会社に在籍している場合、残された遺族に対して、退職手当金や功労金その他これらに準ずる、給与などが支払われます。これらは「みなし相続財産」として、相続税の課税対象になります。

ただし死亡退職金のうち【法定相続人の数×500万円】は、非課税となります。

死亡退職金は相続放棄した人や相続権を失った人、および相続人以外の人も取得できますが、その場合には、非課税制度の適用がありません。

死亡退職金として扱えるかどうかは、退職金の受け取り時に本人が生存しているか、死亡後どのくらいの期間が経っているかによって判断されます。

例えば、Aさんが退職して3カ月後に事故死してしまったケースを見てみましょう。

退職と同時（Aさんの生前）にAさんに退職金が支給されていた場合は、その退職金は相続財産になります。

Aさんの生前には退職金が支給されず、死亡後に支給が確定した場合は、それが3年以内の支給であれば死亡退職金として、みなし相続財産になります。

Aさんの生前には退職金が支給されず、Aさんの死亡後3年を経過した後に退職金の支給が確定したときは、受け取った遺族の一時所得として所得税の課税対象になります。

節税対策 4

## 不動産で財産の評価額を下げる

### お金の形をかえると評価額が変わる

相続税額は、遺産の総額、いわゆる財産の額によって変わります。

財産として扱われるのは、現金だけでなく、株式や不動産などといったものも含まれます。株や不動産などの財産は、「時価」で換算することで、遺産の総額が決まります。

ごくたまに財産のほとんどを預貯金で持っている人がいらっしゃいます。しかし現金や預貯金は、その価値は変わりません。評価額は1円も下げることができないので節税のしようがありません。その金額にダイレクトに相続税がかかってしまいます。

では、財産の評価を下げたいときは、どうすればいいのでしょうか。

その答えは、財産を預貯金や現金で残すのではなく、形をかえることです。

この節税でもっともよく使われているのが、**現金から不動産へと形をかえる**方法です。

土地を購入すれば、現金よりもざっと2〜3割程度、相続税評価額が下がります。

例えば、財産として現金を5000万円を持っている人がいたとします。

相続税率が30%だとしたら、現金のまま5000万円を持って相続を迎えると、相続税は1500万円かかります。が、そのお金で土地を購入したとしたら、相続税評価額はほぼ確実に下がります。

その5000万円で購入した土地の評価額が3000万円となったとしたら、相続税率が30%の場合、相続税額は900万円まで下がります。現金を持ち続けるのと比べて、600万円もの節税になるのです。

この例は単純計算ですが、**現金を不動産にかえることで相続財産の評価額はグンと下がり、相続税を大幅に節税することができる**のです。

ただ、「節税になるなら、とにかく不動産を購入しよう！」と考えて安易に土地を買ったり、不動産会社の営業の勧めるままにアパートを建てたりマンションを買ったりしてはいけません。

不動産は基本的に〝相続のときに数人に分けられないもの〟であるため、相続人同士でモメる火種となることが多くあります。また、不動産内容によっては〝なかなか売れずに負の遺産〟になってしまうこともあります。

不動産を購入するときは、その購入する不動産を相続時にはどう分配するか、売れる不動産なのかを慎重に吟味してから実行してください。

不動産で節税を考える場合は特にメリットとデメリットを天秤《てんびん》にかけて、よく検討しなければなりません。

## ▼自分の持っている不動産の評価額を知る

自分の所有する、もしくは購入したいと考えている土地の評価額を知る必要があります。

**相続税の計算に使われる土地の評価方式には「路線価方式」と「倍率方式」があります。**

この評価方法の出し方を知っていると、自分の土地の相続評価額がおおよそわかります。しかし形状や傾斜、セットバックなどによって土地の評価は変わってきますし、サイトの見方が複雑です。ですので正確な評価額を知りたいときは、不動産鑑定士などの専門家に相談してください。

ここでは、ざっくりとした計算方法をお伝えします。

市街地などの土地の評価額は、その道路に面する宅地の標準的な1平方メートルあたりの路線価を調べ、面積を掛け算して算出します。

パソコンで「財産評価基準書路線価図・評価倍率表」（https://www.rosenka.nta.go.jp/）にアクセスして、地図上から自分が持っている土地のエリアを探し、路線価を調べます（図18）。

路線価は1000円単位で表示されています。例えば「30E」とあれば3万円です。土地の奥行きや形状、傾斜などによって補正します。

**路線価方式での計算方法は、【路線価×宅地面積（㎡）＝評価額】**です。

「財産評価基準書路線価図・評価倍率表」サイト内の地図を探しても、所有する土地が掲載されていなかった！」というケースもあります。

図18

# 日本地図から調べたい地域を選び、路線価を確認する（国税庁の財産評価基準書サイト）

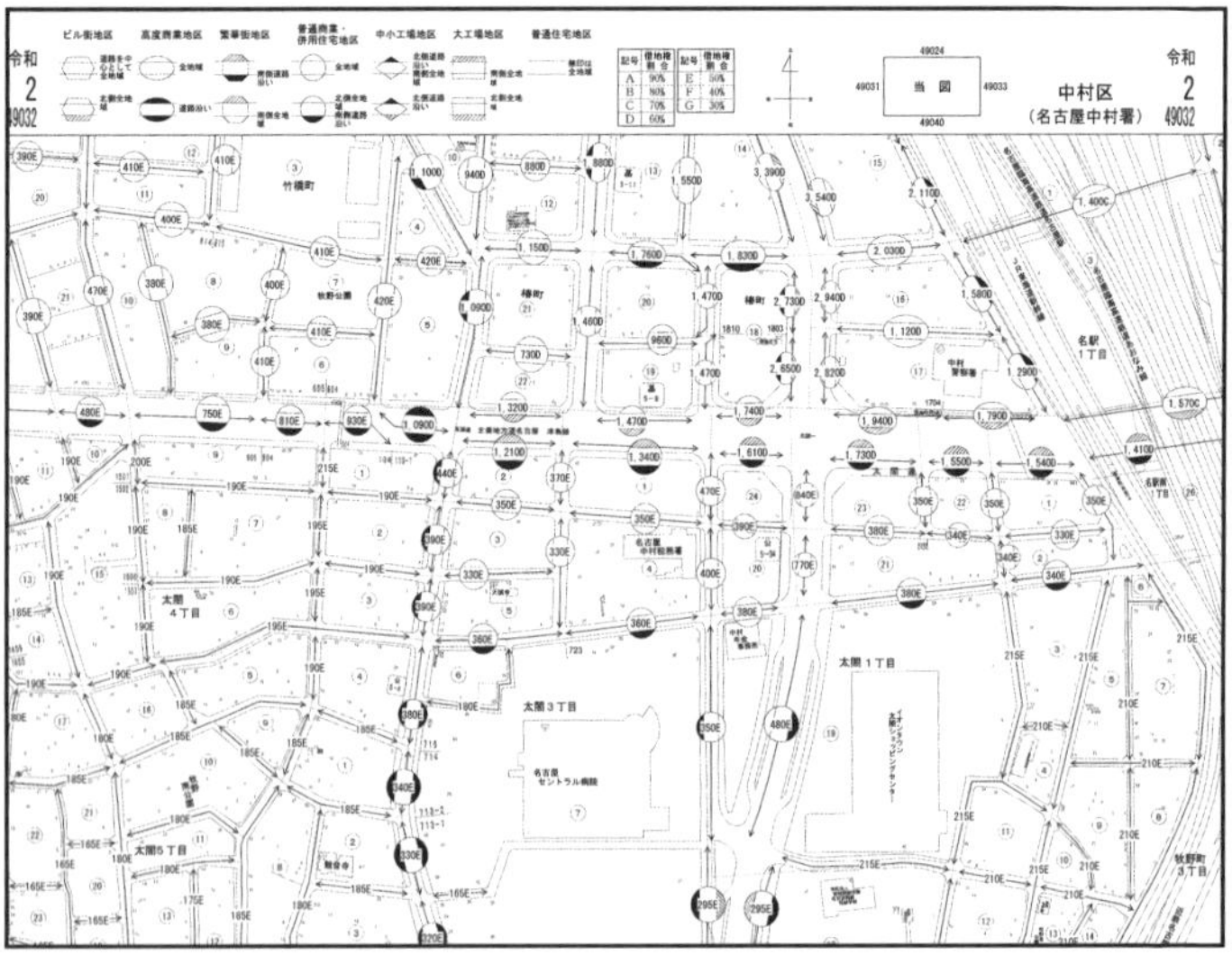

路線価が定められていない場合は、「固定資産税評価額」に一定の評価倍率を掛けて計算します。掛ける倍率はエリアごとに決まっており、路線価と同じく「財産評価基準書路線価図・評価倍率表」で調べることができます（図19）。

この**倍率方式での計算方法は【固定資産税評価額×評価倍率＝評価額】**です。

例えば、固定資産税評価額が１０００万円で倍率が１・１とすると、その土地の評価額は「１０００万円×１・１＝１１００万円」となります。

## 土地を相続したら絶対に使うべき！「小規模宅地等の特例」

**「小規模宅地等の特例」とは、相続した土地のうち一定の面積までを50〜80％減で評価できる制度**です。

例えば被相続人と同居していた息子が、被相続人が住んでいた土地を相続した場合、その家の３３０平方メートルまでの土地の評価額が80％減額されます。その土地が仮に１億円の評価額だったら、相続時にはなんと評価額が２０００万円になるのです。

この小規模宅地等の特例を、使わない手はありません。

図19

## 令和2年度分 木更津市の倍率表

令和 2年分　　倍　率　表　　3頁

市区町村名：木更津市　　木更津税務署

| 音順 | 町（丁目）又は大字名 | 適用地域名 | 借地権割合 | 固定資産税評価額に乗ずる倍率等 宅地 | 田 | 畑 | 山林 | 原野 | 牧場 | 池沼 |
|---|---|---|---|---|---|---|---|---|---|---|
| | | | % | 倍 | 倍 | 倍 | 倍 | 倍 | 倍 | 倍 |
| か | 上望陀 | 農業振興地域内の農用地区域 | | | 純 2.6 | 純 4.4 | | | | |
| | | 上記以外の地域 | 30 | 1.1 | 純 2.6 | 純 4.2 | 純 8.1 | 純 6.7 | | |
| | 茅野 | 農業振興地域内の農用地区域 | | | 純 2.4 | 純 4.1 | | | | |
| | | 市街化区域 | | | | | | | | |
| | | 1　県道沿い | 40 | 1.1 | 比準 | 比準 | 比準 | 比準 | | |
| | | 2　上記以外の地域 | 40 | 1.3 | 比準 | 比準 | 比準 | 比準 | | |
| | | 上記以外の地域 | | | | | | | | |
| | | 1　国道及び県道沿い | 40 | 1.1 | 中 4.0 | 中 7.5 | 中 8.6 | 中 9.2 | | |
| | | 2　県道馬来田停車場富岡線より西側の地域 | 30 | 1.1 | 純 2.8 | 純 4.5 | 純 7.9 | 純 8.7 | | |
| | | 3　上記以外の地域 | 30 | 1.1 | 純 2.6 | 純 5.4 | 純 7.5 | 純 8.4 | | |
| | 茅野錯綜地 | 全域 | 30 | 1.1 | 純 3.3 | 純 5.3 | 純 9.0 | 純 9.6 | | 4.6 |
| | 茅野七曲 | 全域 | 30 | 1.1 | 純 1.9 | 純 3.9 | 純 6.2 | 純 6.0 | | |
| | 神納飛地 | 全域 | 30 | 1.1 | 純 4.3 | 純 6.2 | | 純 9.2 | | |
| き | 祇園1～4丁目 | 全域 | — | 路線 | 比準 | 比準 | 比準 | 比準 | | |
| | 祇園 | 農業振興地域内の農用地区域 | | | 純 3.2 | 純 4.9 | | | | |
| | | 市街化区域 | — | 路線 | 比準 | 比準 | 比準 | 比準 | | |
| | | 上記以外の地域 | 30 | 1.5 | 純 4.0 | 純 6.7 | 純 7.0 | 純 6.6 | | |
| | 木更津1～3丁目 | 全域 | — | 路線 | 比準 | 比準 | 比準 | 比準 | | |
| | 木更津 | 全域 | 30 | 1.1 | 純 5.0 | | | 純 9.4 | | 4.4 |
| | 北浜町 | 全域 | 30 | 1.1 | | | | | | |
| | 清川1・2丁目 | 全域 | — | 路線 | 比準 | 比準 | 比準 | 比準 | | |
| | 清見台1～3丁目 | 全域 | — | 路線 | 比準 | 比準 | 比準 | 比準 | | |
| | 清見台東1～3丁目 | 全域 | — | 路線 | 比準 | 比準 | 比準 | 比準 | | |
| | 清見台南1～5丁目 | 全域 | — | 路線 | 比準 | 比準 | 比準 | 比準 | | |
| く | 草敷 | 農業振興地域内の農用地区域 | | | 純 3.0 | 純 4.4 | | | | |
| | | 県道沿い | 40 | 1.1 | 中 5.2 | 中 6.7 | 中 7.5 | 中 7.5 | | |
| | | 上記以外の地域 | 30 | 1.4 | 純 3.6 | 純 5.5 | 純 4.9 | 純 5.1 | | |
| | 久津間 | 農業振興地域内の農用地区域 | | | 純 3.0 | 純 4.7 | | | | |

対象となる土地（宅地）は3種類です。

**①居住用宅地：特定居住用宅地等（被相続人が住んでいた土地）**
**②事業用宅地：特定事業用宅地等、特定同族会社事業用宅地等（被相続人が事業をしていた土地）**
**③貸付事業用宅地：貸付事業用宅地等（被相続人が貸していた土地）**

それぞれの限度面積と減額割合、そして要件は、（図20）のとおりです。

上限面積を超えた分については、小規模宅地等の特例による減額は適用されず、通常の評価になります。

## ▼自宅の土地評価額が8割減する「特定居住用宅地等」

3種類の「小規模宅地の特例」のうち、よく使われるのが「特定居住用宅地等」。いわゆる被相続人が住んでいた自宅の土地に対する特例です。

この特例は、①配偶者、②被相続人の同居親族、上記の者がいない場合には③別居親族

図20

## 「小規模宅地等の特例」種類ごとの限度面積と減額割合、要件

| | 被相続人が居住していた宅地 | 貸付事業以外の、被相続人が営んでいた事業用の宅地等 | 被相続人が所有する貸付事業用の宅地等 |
|---|---|---|---|
| 相続する**土地の種類** |  **居住**用<br>・特定居住用宅地等 |  **事業**用<br>・特定事業用宅地等<br>・特定同族会社事業用宅地等 |  **貸付**用<br>・貸付事業用宅地等（駐車場や賃貸マンションなど） |
| 減額される限度面積 | 330㎡まで | 400㎡まで | 200㎡まで |
| 減額割合 | 80% | 80% | 50% |
| 相続する要件 | ①配偶者<br>②同居親族<br>▶居住継続（申告期限まで）<br>▶所有継続（申告期限まで）<br>③別居親族<br>▶①と②がいない<br>▶3年以内持ち家なし<br>▶相続する家屋を過去に所有していない<br>など | ●相続人は事業を引き継ぐ親族<br>●相続人が事業を承継・継続（申告期限まで）<br>●所有継続（申告期限まで）<br>●相続開始前3年以内に、事業の用に供された一定の宅地は特例の対象外 | ●相続人は貸付事業を引き継ぐ親族<br>●相続人が貸付事業を承継・継続（申告期限まで）<br>●所有継続（申告期限まで）<br>●相続開始前3年以内に、貸付事業の用に供された宅地は特例の対象外 |

で3年以上自分の持ち家がない人が対象となります。

この要件を満たした人が被相続人から土地を相続したら、その330平方メートルまでの土地評価額が80％減額されます。

ただ、このうち同居親族は「同居しているか否か」の判定をかなり厳しくされます。

例えば看病などでの一時的な同居は認められません。また同じ敷地内でも離れなど別棟に住んでいる場合は認められません。

同居として求められるのは、同じ家に住んでいることが条件です。例えば1階は親世帯、2階は子世帯が住む、などです。この場合、必ずしも内部で行き来できる構造になっていなくてはいけないわけではありません。1階と2階は内部では行き来できず、外階段からしか行き来できない独立型二世帯住宅だとしても、要件を満たせば同居として認められ、小規模宅地等の特例を適用できます。

だから被相続人になり得る人に二世帯住宅を建ててもらい、同居することは、大きな節税対策になるのです。

同居はハードルが高いと思われるかもしれません。が、「小規模宅地等の特例（特定居住用宅地等）」の対象となる①配偶者と②同居している親族がいなかった場合は、③別居親族でもこの特例を適用することができます。

別居親族が特例に当てはまる場合のことを、「家なき子特例」ということもあります。

こちらも要件は厳しいです。

要件としては、次のようなことがあげられます。

・被相続人と同居していた配偶者や同居の相続人がいない
・3年以上、自分の持ち家がなく、賃貸住宅に住んでいる
・相続開始時に住んでいた家を過去に所有していたことがない
・相続開始前3年以内に、次の者の持ち家に住んでいない
(1)自己または自己の配偶者
(2)三親等内の親族
(3)特別の関係がある一定の法人
・相続した宅地等を相続税の申告期限（10カ月）まで所有する

これらの要件をすべて満たしている場合は、小規模宅地等の特例を適用できます。

## ▼売る予定の自宅は特例を使わないほうがいいことも

被相続人が住んでいた家屋や土地を相続税の申告後にすぐに売るつもりでいるときは、

小規模宅地等の特例を受けないほうがいいかもしれません。譲渡所得に、「空き家減税」（被相続人の居住用財産（空き家）に係る譲渡所得の特別控除の特例）が使えるからです。

以下の要件を満たした場合、市町村役場で空き家であることの証明書を作成してもらうと、譲渡所得から3000万円の控除が受けられます。

《空き家減税の要件の一部》

・被相続人が死亡後空き家になっている
・相続発生から3年以内に売る
・売値が1億円以下
・昭和56年5月31日以前に建築された家を壊し土地を売却する

この他にも細かな要件があるので、国税庁webサイトで確認してください。

ずっと賃貸住まいで、かつ一定要件（国税庁webサイト参照）を満たせばこの控除は使えますが、小規模減額のみを意識して親と同居することを選択すると空き家減税は使えなくなります。どちらが得になるかは税理士に相談してください。

また、将来の予定や相続人の配偶者の気持ちも大事にして考えてください。

すぐ売るかもしれない実家をどうするかは、よく考えてから決める必要があります。

### ▼事業用の土地も評価額が8割減する「特定事業用宅地等」「特定同族会社事業用宅地等」

被相続人が事業をしていた土地が対象となるのが「特定事業用宅地等」「特定同族会社事業用宅地等」です。

相続人は事業を引き継ぎ、相続税の申告期限まで事業を営んでいることが要件になります。事業は引き継いだけれど、土地を売ってしまった、という場合は適用になりません。

また、相続開始前3年以内に事業用とされた宅地等は対象から外れてしまいます。

### ▼貸付用の土地は評価額が5割減する「貸付事業用宅地等」

駐車場や賃貸マンションなど、被相続人が貸付事業を行っていた土地は200平方メートルまでの評価額が50％減額されます。

貸付事業用宅地の特例を使う場合は、事業用宅地等と同じく、相続人は事業を引き継ぎ、相続税の申告期限まで事業を営んでいることが要件になります。

事業は引き継いだけれど、土地を売ってしまった、という場合は適用になりません。

また、相続開始前3年以内に貸付事業用とされた宅地等は対象から外れてしまいます。

## ▼小規模宅地等の特例を使う際のポイント

**・使うなら配偶者より子供に**

配偶者は税額軽減が大きいので、この特例を使う相続人は子供のほうが節税効果があります。

**・合算できる面積**

小規模宅地等の特例は適用面積を超えた分に対しては基本的に受けられません。

もし貸付事業用宅地等がなく、特定居住用宅地等と特定事業用宅地等（または特定同族会社事業用宅地等）がある場合は限度面積が合計できます。そのため330平方メートル＋400平方メートルの合計730平方メートルまでが適用範囲となります（平成27年1月1日以降）。

**・モメたら使えない、分割できてないと使えない！**

このように「小規模宅地等の特例」は非常に有利です。しかし、この特例も誰が相続するか決まらずモメたまま相続税の申告期限を迎えてしまうと使えません。相続税を節税するにはモメないことが一番です。

もしモメた場合は、いったん特例適用がない状態で相続税の申告をして、その際に『申告期限後3年以内の分割見込書』を提出します。

これは「相続税の申告書の提出期限から3年以内に分割しますよ」という届け出で、3年以内に分割し「小規模宅地等の特例」を使って更正の請求をすると、払い過ぎた相続税の還付を受けることができます。

## ▼賃貸建物の敷地になっている土地の評価方法

### 貸家評価

マンションやアパート、一軒家などを所有しており、人に貸している場合は、相続税の評価額が下がります。

「賃料をもらって収益が出ているのにどうして？」と不思議に思われるでしょうが、相続税の評価は「自分で自由に使えるか否か」を考慮するため、空き室が多いほど評価額が高くなります。

貸すために所有しているものでも、人が住んでいなければ貸家の評価はされないことに

図21

マンションやアパートの評価イメージ

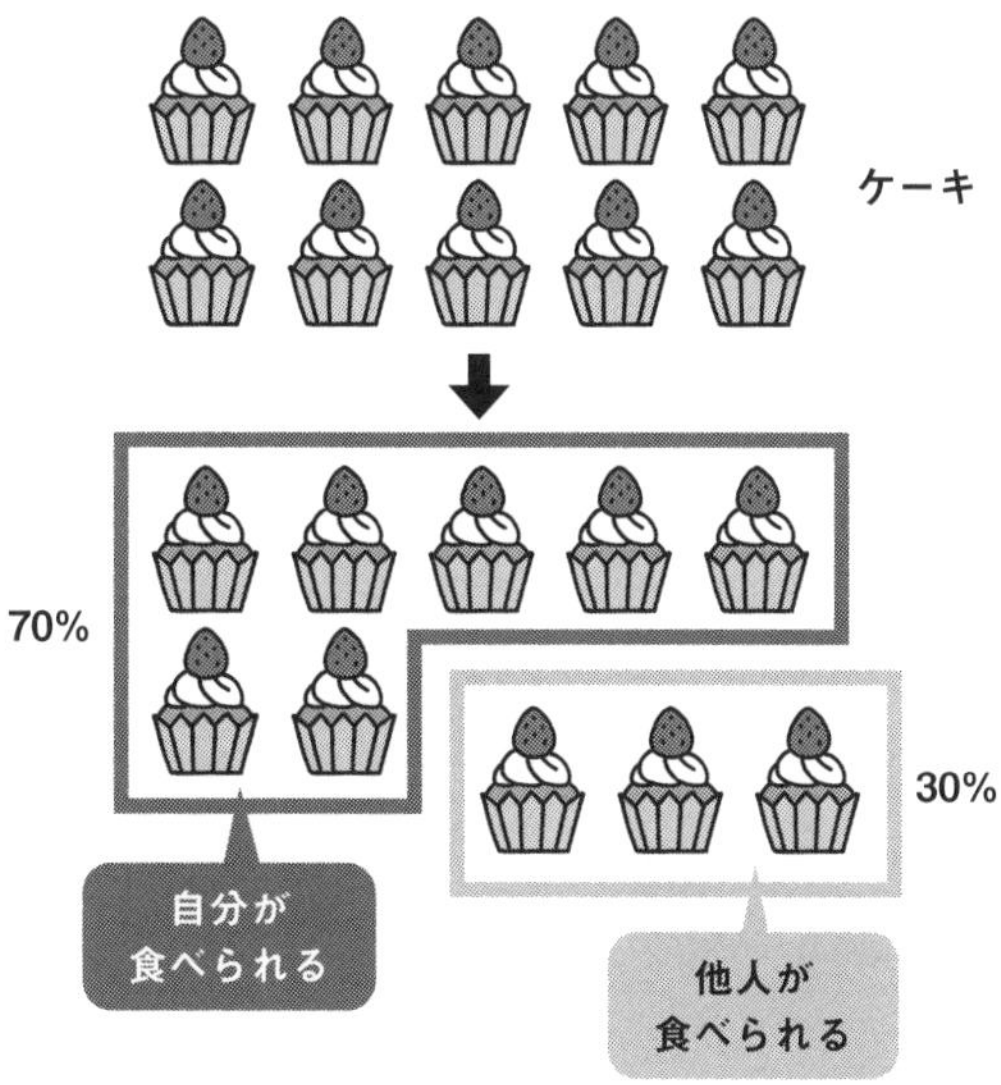


なります。それでも募集をかけていれば、一時的に空室になっているとみなされます。不動産管理会社との打ち合わせ書類などを保存しておくとよいでしょう。

固定資産税評価額から以下の計算式で求めた額を差し引いた額が、貸家評価額となります。

【固定資産税評価額×借家権割合（ほとんどの地域で30%）×賃貸割合（満室を100とした場合の空き室の割合）】（図21）。

## 貸家建付地評価

また、第三者に貸すための建物が建っている土地を「貸家《かしや》建付地《たてつけち》」といいます。自分の所有する土地に自分で一軒家やアパート、ビルなどを建てて、他人に貸している場合などが対象となります。所有していても自由に利用できないため、更地よりも相続税評価額は低くなります。

土地の評価額から以下を差し引いた金額が貸家建付地評価額になります。
【土地の評価額×借地権割合（倍率表にある割合）×借家権割合（ほとんどの地域で30％）×賃貸割合（満室を100とした場合の空き室の割合）】。

## 注目度ナンバーワンの相続対策「不動産小口化商品」

**相続対策でいま注目を浴びているのが「不動産小口化商品」です。**

実物不動産を「小口化」した商品で、許可を受けた不動産特定共同事業者が管理・運営を行います。メリットとしては、次の4つがあげられます。

**①不動産取得税を抑えて年2・5～3％程度の分配金がある**
**②分割しやすい**
**③相続税の節税にもなる**
**④登録免許税ほぼなし**

**①不動産取得税を抑えて年2・5～3％程度の分配金がある**

ご購読ありがとうございました。今後の出版企画の参考に
致したいと存じますので、ぜひご意見をお聞かせください。

# 書籍名

お買い求めの動機

1　書店で見て　　2　新聞広告（紙名　　　　　　　　　　　）

3　書評・新刊紹介（掲載紙名　　　　　　　　　　　　　　）

4　知人・同僚のすすめ　　5　上司、先生のすすめ　　6　その他

本書の装幀（カバー），デザインなどに関するご感想

1　洒落ていた　　2　めだっていた　　3　タイトルがよい

4　まあまあ　　5　よくない　　6　その他(　　　　　　　　　　　　)

本書の定価についてご意見をお聞かせください

1　高い　　2　安い　　3　手ごろ　　4　その他(　　　　　　　　　　　　)

本書についてご意見をお聞かせください

どんな出版をご希望ですか（著者、テーマなど）

郵便はがき

料金受取人払郵便

牛込局承認

9410

差出有効期間
2021年10月31
日まで
切手はいりません

162-8790

東京都新宿区矢来町114番地
神楽坂高橋ビル5F

株式会社ビジネス社

愛読者係 行

| | | | |
|---|---|---|---|
| ご住所 〒<br>TEL：（ ） FAX：（ ） | | | |
| フリガナ<br>お名前 | | 年齢 | 性別<br>男・女 |
| ご職業 | メールアドレスまたはFAX<br>メールまたはFAXによる新刊案内をご希望の方は、ご記入下さい。 | | |
| お買い上げ日・書店名<br>年 月 日 市区町村 書店 | | | |

通常、固定資産税評価額は、時価の7割程度に設定されています。

ところが、たった1~2割に設定されている場所があるのです。どこだと思いますか?

それは、銀座、原宿といった一等地です。

これらの地域の不動産の固定資産税評価額が低いのは、時価に基づいて通常のように固定資産税を設定すると、税金が高額過ぎて誰も商売ができなくなってしまうからです。

不動産小口化商品はこの「時価と固定資産税評価額の乖離」、つまり差額を利用します。

都心の一等地に建てた不動産、例えば50億円のものを500万円単位の商品に分割して、それを一口として証券のような形で販売しているのです。

固定資産税評価額が抑えられているため、本来ならばかなり高額になってしまうはずの不動産取得税を節約することが可能です。

都心の一等地なので人気は下がることなく、安定して年2・5~3%程度の配当を受け取ることができます。

## ②分割しやすい

不動産小口化商品は人気が高いため、その価格は安定しており、また買い手に困ることはありません。相続財産として分割する際にも換金しやすいため、分割が容易だというメリットがあります。

**③相続税の節税にもなる**

不動産小口化商品は不動産を共同所有していることになるため、相続税評価は不動産と同じです。そのため、前述の**貸家評価、貸家建付地評価、小規模宅地等の特例などが適用**できます。

また、生前贈与にも有利です。

例えば、一口500万円で取得した不動産小口化商品を贈与したとしましょう。

不動産小口化商品になる一等地は、前述のように時価のたった1～2割に設定されているため、相続税評価額は平均して8割ほど下がります。そのため500万で取得したものは、およそ100万円の評価額になるのです。贈与税の基礎控除額は110万円ですので、贈与をしても贈与税はかかりません。

これが1000万円でも、評価額は8割減って200万円、贈与税はたった9万円です。

不動産小口化商品は非常に人気が高く、50億円以上の商品が3時間で完売になったほどです。購入するには情報をいち早く入手しなければなりません。

### ④登録免許税ほぼなし

「登録免許税」とは、土地や建物を買った人の所有権を登記する手続きの際に納める税金のことです。基本的には、土地や建物の評価額（固定資産税評価額）に税率をかけて税額が計算されます。

不動産小口化商品の場合、この登録免許税がいらない場合が多いのです。けれど、不動産をどう管理するか（信託や任意組合型など）で、登録免許税が必要となることもあります。例えば登録免許税が１０００円×口数といった一定金額の商品もあります。そのため購入される際には購入額以外で発生する諸費用について、商品の取扱会社へ必ず確認をお願いします。

## 土地を分けて相続税を下げる

土地の評価額を下げて節税するとき、有効な方法のひとつに「分筆《ぶんぴつ》」があります。分筆とは、ひとつの土地の登記を法的に分割して複数に分けることをいいます。

土地は、利用しやすさで評価額が変わってきます。

角地、広くきれいな四角形の土地などは利用しやすいため評価が高く、必然的に相続税

図22

土地を分けることによって、評価額を下げる

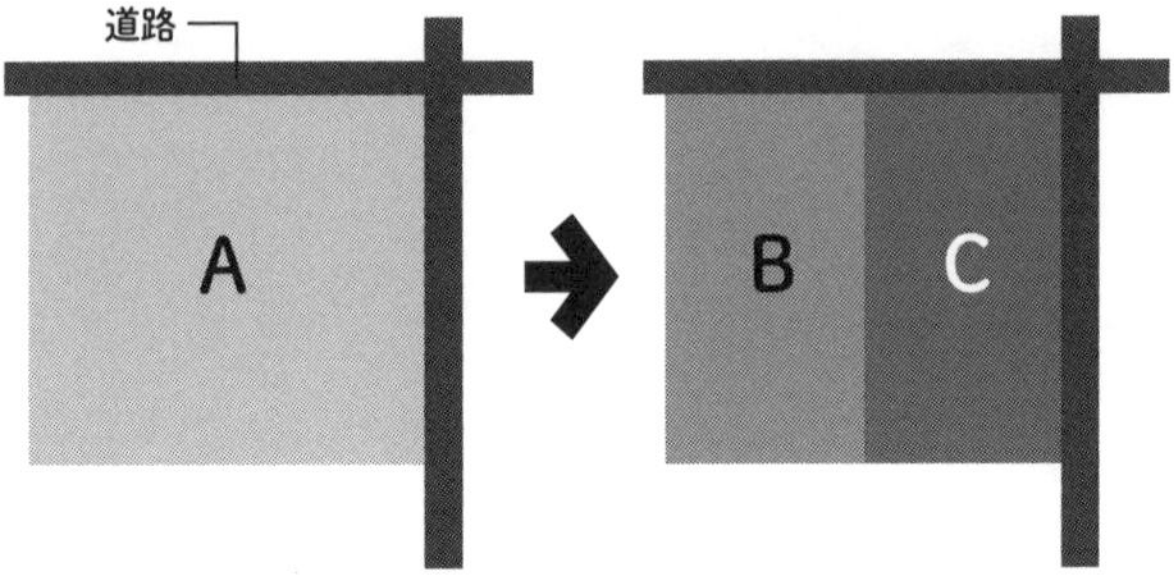


も高くなってしまいます。分筆は、そのような土地を2つに分けて、合計の評価額を下げるという方法です。二方が道路に面した角地などで、よく利用されています（図22）。

分筆するメリットは、

①評価額が下がることがある
②固定資産税評価額が下がることがある
③分けやすくなる

以上の3つがあげられます。

### ▼分筆する際のNG例

しかし、一方だけが道路に面している場合など、土地を単純に2つに分けただけでは「不合理分割」とみなされて、分筆前と後で合計の土地評価額は変わらないこともあります。

土地の利用状況を無視した分割は「不合理分割」と判

図23

## 分筆のNG（不合理分割）例（国税庁のwebサイトより）

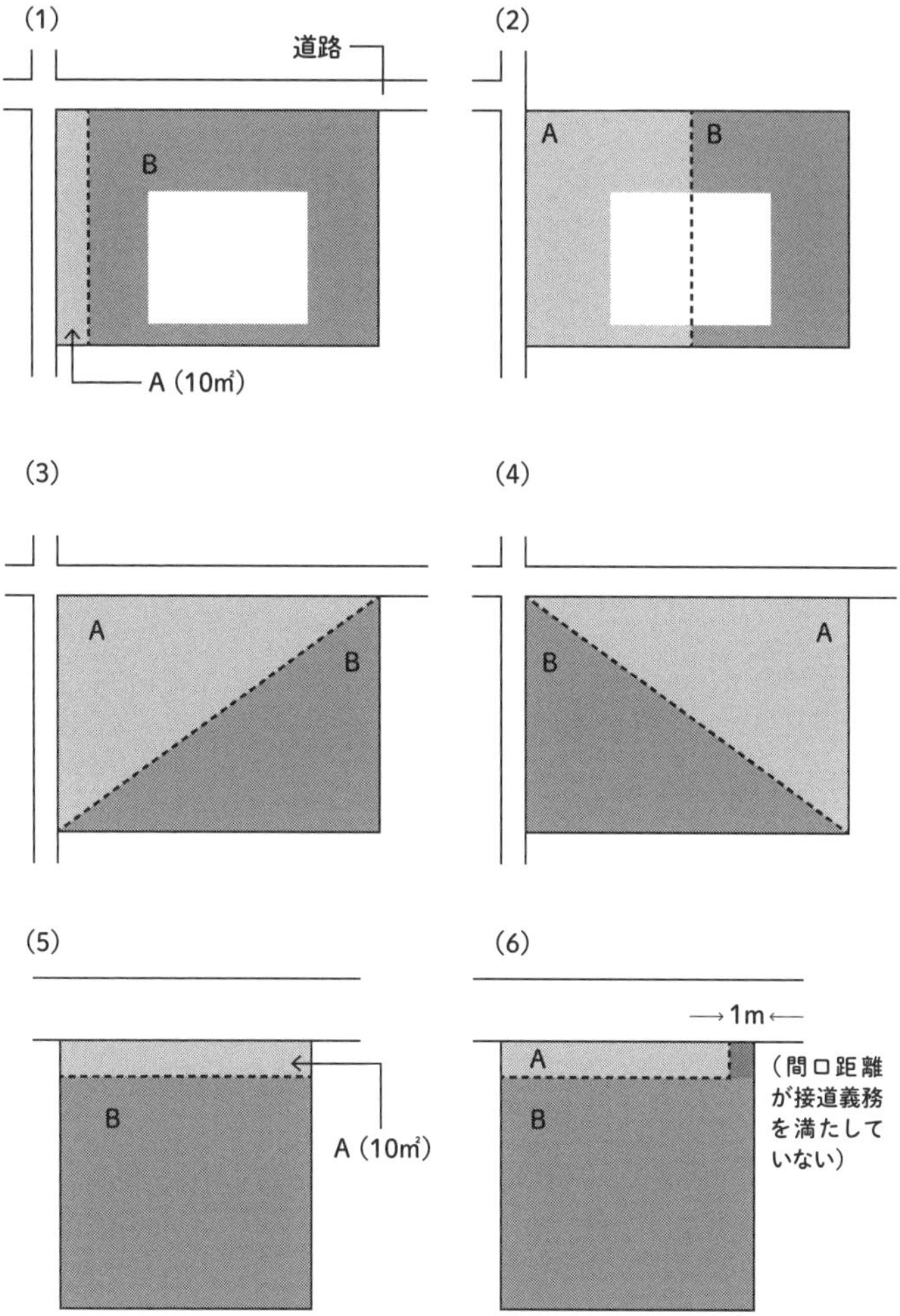

断されて、その分割がなかったこととして評価をすることになってしまうのです。国税庁が公開している不合理分割の例があります（図23）。

⑴のように現実の利用状況を無視したり、⑵〜⑹のように無道路地、無道路地及び不整形地、奥行短小な土地と無道路地、接道義務を満たさないような間口が狭小な土地を創出する分割などの場合は、不合理分割と判断されてしまいます。

不合理分割と判断されてしまうと相続税の節税対策にはなりませんので、分け方にはご注意ください。

## 収益物件は、早めの贈与が吉

収益物件を持っていれば、日々収益が上がり、財産がどんどん増えていきます。これは嬉しいことではありますが、相続税対策としてはマイナスとなります。早めに子供世代に渡すことを考えましょう。

例えば、Aさんはアパートを所有しています。そのアパートの評価額は２０００万円で、月に10万円の家賃が入ってきています。１年で１２０万円の収入です。

もし年金を受給していて、アパート収入はそのまま貯金しているとすると、その金額分だけ毎年財産が増えます。10年後に相続が発生した場合、単純計算すると、そのときの建物の評価額にプラス10年で1200万円に膨れ上がった家賃収入（現金）を足して、相続財産は合計3200万円になります。

もしもAさんが10年前にアパートを子供に贈与していれば、増えた1200万円の財産は最初から子供の所得となっていて、相続税を大幅に減らすことができていました。もったいない話です。

Aさんのようなケースに対して、私は「蛇口を変えてみてはどうですか?」と提案しています。蛇口をひねると水が出ますよね。お父さんのほうの蛇口からじゃぶじゃぶと出して貯めるよりも、蛇口を子供に移して、子供の所得にすればいい、ということです。

またこの場合、子供の不動産取得税、所得税、土地の賃料を考慮することが必要です。

## ▼相続時精算課税制度を使った贈与

「でも、アパートを子供に贈与すると、贈与税がかかってしまう」と思われる人もいらっしゃるでしょう。そのとおりです。でも、アパートを贈与するときに利用できる優遇措置があります。贈与税を相続のときにあわせて精算できる「相続時精算課税制度」です。

この**相続時精算課税制度を利用すれば、2500万円までは贈与税がかかりません。**

ただ、利用するにはいくつかの条件があります。

《年齢と立場の制限》

60歳以上の父母、または祖父母から、20歳以上の子または孫への贈与のみ適用になります。同一の父母または祖父母からは、限度額の２５００万円に達するまで何回でも控除できます。

《贈与税の申告が必要》

最初の贈与を受けた年の翌年の2月1日から3月15日までの間に贈与税の申告をする必要があります。２５００万円以下なら贈与税はかかりませんが、贈与税0円でも申告が必要です。

また、相続時精算課税制度は選択制です。贈与を受ける場合は、「暦年課税（通常の贈与）」と「相続時精算課税制度」のどちらかを選ばなければいけません。

そのため母からの贈与については相続時精算課税制度を選択するが、父からの贈与には暦年課税を選択する、ということができます。

ただし、この相続時精算課税制度を一度選択した人からの贈与は取り消すことはできず、暦年課税に変更することもできません。また、相続時精算課税制度届出書を提出する必要があるので、出し忘れに注意してください。

もし贈与額が2500万円を超えてしまった場合は、一律20%の税率で課税されます。その贈与税は相続時に相続税から控除することができます（相続税額が少ない場合は差額が還付）。

相続時精算課税制度を選択する際には、暦年贈与に変更できないことや、建物は経年変化によって価値が下がること、申告漏れが発生しやすいことなどを考え、慎重になるべきです。

それでも「蛇口を変える」ことによる節税効果があるならば、選択肢のひとつにはなると、私は考えます。

# 第5章

# 生きているうちにしっかり確認！相続トラブルの5大爆弾

# ❶ 遺言書をめぐるトラブル

## 遺言書がなかったら、どうなる?

これまで紹介してきたような争族対策や節税対策などをしっかりやってきたつもりでも、相続は気を抜けません。足元から爆発して、対策がすべて無意味になってしまうような、大きな「爆弾」がいくつかあります。

特に気をつけたい大きな爆弾は次の5つです。

①遺言書
②認知症
③見えないマイナス財産(隠れ借金)
④デジタル遺品
⑤自己流申告

これら**5つの爆弾の爆発を回避できれば、ちゃっかり相続にグンと近づきます。**生前の間に確認しておくことをおすすめします。

まずは、遺言をめぐるトラブルです。

遺言は自分の想いをあらわすものでもあります。

被相続人は、「相続」と「遺贈」をすることができます。これはどちらも亡くなった人の財産などを引き継ぐという面では同じですが、対象や手続きが異なります。

・**相続**……何もしなくても自動的に起こるのが相続。対象は法定相続人です。配偶者や子供、父母、兄弟姉妹など、一定の関係にある人のうち、血縁の近い順位の人が法定相続人となり、亡くなった人の財産を承継します。

・**遺贈**……遺言によって財産を譲り渡すことです。遺贈は法定相続人以外にも財産を譲ることができます。

**相続権がない人に財産を引き継がせたい場合は、遺言によって遺贈する必要があります。**

「財産を渡したい人がいるなら、生前贈与しておくという手もあるのでは？」と思う人もいるでしょう。しかし実は生前贈与には「不当利得の返還請求権」というものがあります。

例えば、おじいさまが生前に、財産のすべてをゲートボールの友だちにあげてしまったとします。その場合、相続人は相続する権利、引き継ぐ権利、いただく権利を侵害していると主張して、「いったん戻してくれ」と言って戻してもらうことができるのです。だから遺言書は書いておいたほうがいいでしょう。

ここで私が言いたいのは、相続は受け取る権利で、遺贈は想いだということです。

以前、私が担当した相続で「妻ではない女性に遺贈したい」と遺言書に書いてあったことがありました。いわゆる、愛人に財産を残したいという願いです。

プライベートなことなので多くは書きませんが、その愛人の女性は、その人が亡くなるまでずっと傍《そば》にいて、看病していたそうです。

妻などの法定相続人からしてみれば、愛人は好ましくない存在でしょう。しかし、被相続人にとっては誰よりも感謝し、想っていて、何かを残したいと考えていたのです。

このように被相続人の想いをあらわせるものが、遺言なのです。

遺言書があれば、遺言に従って相続財産を分けることができます。

しかし遺言書がなければ、遺産をどう分けることになったのかを示した「遺産分割協議書」を相続人が話し合って作成しなければなりません。

相続でモメるケースの多くは、この分割協議が紛糾することです。

だから相続させる側が、きちんと専門家と話し合い計算をして、遺言書を残しておくことが大切です。

遺言書は、とりあえず直筆で残しておけばいいだろうと思っている人もいるかもしれません。でも、**遺言書は民法の規定に従って作成されなければ無効**となってしまいます。

そのため、遺言書を残したいときは、必ず次の3種類のいずれかを選択して、書いてください。

**(1)自筆証書遺言**……全文（財産目録を除く）を、自筆で書き上げて作成する遺言書
**(2)公正証書遺言**……公正証書の形で作成し、原本を公証役場で保管してもらう遺言書
**(3)秘密証書遺言**……内容を秘密にしておきたい場合に使われる遺言書

(3)の「秘密証書遺言」はめったに使われません。手続きに手間と費用がかかる上に自宅で保管しなければならないなどのデメリットがあります。また遺言の内容を秘密にすることは争族につながりかねないため、おすすめしません。

そのため、ここでは、「自筆証書遺言」と「公正証書遺言」についてご紹介します。

それぞれの特徴を（図24）にまとめました。

親族を相続でモメさせたくないのなら、プロと一緒に考え抜いた遺言書を残しましょう。

図24

「公正証書遺言」と「自筆証書遺言」の比較

| | 公正証書遺言 | 自筆証書遺言 |
|---|---|---|
| 概要 | 公証役場で作成。2人以上の証人の立ち会いのもと、公証人が作成する | 「財産目録」以外の遺言の全文と、日付・氏名を、すべて自書して捺印する |
| メリット | ・形式の不備などで無効になることがない<br>・偽造や紛失の恐れがない<br>・家庭裁判所での検認手続きが不要 | ・いつでも無料で作成できる<br>・1人で作成できる |
| デメリット | ・費用がかかる<br>・証人が2人以上必要 | ・形式や内容の不備で無効になる可能性がある<br>・法務局に預けなければ、偽造や紛失の恐れがある<br>・法務局に預けなければ、家庭裁判所で検認手続きが必要 |

自動車を運転する人が必ず自賠責保険に入るのと同じように、遺言書を残すのは自然で大切なことだと私は思っています。

それも自筆証書遺言ではなく、私は公正証書遺言で残すことをおすすめします。それが被相続人となる人の最後の務めです。

## 自筆の遺言はトラブルのもと！

遺言の絶対数としては「公正証書遺言」よりも「自筆証書遺言」のほうが圧倒的に多いと考えられます。やっぱりお金もかからないし、手軽ですから。さらに相続法の改正によって、「自筆証書遺言」のデメリットがずいぶんと緩和されました。

ですが私は、遺言書は「公正証書遺言」に

することをおすすめしています。遺言トラブルのどれもを回避することができるからです。

ここでは、あえて改正前の「自筆証書遺言」のデメリットもお伝えしながら、遺言トラブルはどういうときに起こるのかをお伝えしたいと思います。

## ▼遺言書の形式不備によって、無効になる!?

遺言書の形式はとても重要です。決まった形式や条件に従って書かなければ「無効」となってしまいます。設計図みたいなもので、きちっとした型の体をなしていなければなりません。

特に自筆証書遺言の場合は、「財産目録」以外は、遺言者自身が自筆、いわゆる手書きで作成しなければなりません。

また、次のような文面では無効になってしまう可能性が高くなります。

- ・財産が特定できなかったり、内容にあいまいな箇所がある（内容不備）
- ・全文に日付および氏名を自書し捺印しなければならないが、それができていない（形式不備）
- ・誰かの代筆、パソコンなどで全文を作成したような遺言（条件不備）

内容不備と判断される可能性があるのは、例えば、「裏の土地は長女に残す」（裏とは?）。「土地はすべて妻に残す」（妻は数年前にすでに死亡）。「ソファは猫のタマに残す」（人間しか相続できない）などです。

改正前はせっかく「自筆証書遺言」を残しておいても形式不備で無効となってしまう可能性が高く、リスクがありました。けれど今回の改正によって、法務局に預けた場合は形式に不備がないかを確認してもらえるようになったため、形式不備によって無効になるリスクは避けられるようになったといえます。

ですが、**法務局では内容まではチェックしてくれません**。

そのため形式不備はなくても内容に不備があって無効になってしまったら、被相続人が希望していた相続譲渡は行われませんし、相続人は遺産分割協議をしなければならなくなってしまいます。自分の死後に争族トラブルを起こさないために記した遺言書が無効となってしまうのは、残念極まりないことです。

## ▼紛失の恐れがある

遺言書がなく、相続人である兄弟姉妹同士で遺産分割協議を終えたAさん。

少し落ち着いたので遺品整理をしようと亡き父親の書斎を片づけていたところ、引き出しの奥から「長男に資産1億円のすべてを譲る」という内容の遺言書を発見してしまいました。Aさんは次男です。周りには誰もいません……。あなたがAさんだったら、どうしますか?

「自分の家に持ち帰って隠せば、誰にも気づかれない。ビリビリに破いて、燃やしてしまえば、なかったことになる」

遺言書を隠ぺいすると犯罪になる可能性がありますが、そんな悪魔のささやきが聞こえてきてしまうかもしれません。このように、遺言書を自宅に保管しておくと「誰か1人だけが見つける」という状況がつくられて、隠したり破いたりされてしまうかもしれないのです。

自筆証書遺言は、改正前は自宅で保管しなければいけなかったため、**遺言書の隠ぺいや改ざん、そしてそもそも遺言書が見つからないなどのリスク**がありました。

改正後は、遺言書を法務局に預けることもできるようになりました。ですが法務局に預けるという選択をせずに自宅などに保管していれば、リスクは変わりません。

もちろんこのケースの場合、遺言の内容も、もう少し配慮が必要でしたよね。

遺言がこのように偏った内容で相続人にとって納得のいかないものだったら、相続はモメてしまいます。親がそんな争いのタネをつくってはいけません。兄弟姉妹の仲を悪くするような内容の遺言は残さないでいただきたいというのが、大前提です。

## ▼自筆証書遺言だと、相続人全員が家庭裁判所に集まる可能性がある

自筆証書遺言の場合、家庭裁判所で開封をして「検認」という手続きが必要となります。遺言書の検認とは、遺言書の発見者や保管者が家庭裁判所に遺言書を提出して、遺言書を開封し、内容を確認することです（なお公正証書遺言のほか、法務局において保管されている自筆証書遺言の場合は検認は不要です）。

けれど検認をするためには、相続人全員の協力が必要で、相続人のなかにいる会いたくない人と会う可能性がでてきます。

どういうことかというと、検認の申し立てに必要な書類には「相続人全員の戸籍謄本」が含まれています。そのため戸籍謄本を相続人それぞれからもらわなくてはいけません。

また、検認の手続き申し立てを受けた家庭裁判所は、相続人全員に検認する日を知らせます。この検認には、相続人全員がそろって立ち会う必要はありません。検認時に立ち会うかどうかは各相続人の判断にゆだねられます。つまり最大の懸念としては、会いたくな

い人が検認当日に家庭裁判所に来るかもしれないということです。

そのため自宅に保管されていた自筆証書遺言だと、次のトラブルが起こる可能性があります。

1つ目は、故意による嫌がらせをする相続人がいる悪い場合、連絡を無視する、話し合いの場に来ない、絶対に書類を送らなかったりハンコを押さないなどといった嫌がらせをすることがあります。これでは遺産分割協議書がまとまらず、何もできないということを知っているからこそ、そのようなことをするのです。

2つ目は、互いに会わせたくない相続人がいる場合。

別れた妻との間と、今の妻の間の両方に子供がいるAさん。先妻とはAさんの浮気が原因で別れたため、先妻の子供からAさんは憎まれていて関係は良好ではありません。一方で今の妻とAさんは円満で、今の妻との間にできた子供に、自分の財産をできるだけ遺してあげたいと考えていました。そこで自分で自筆証書遺言を書き、自宅に保管していたのですが、Aさんの死後、家庭裁判所で遺言書の検認のために、別れた妻とその子供、今の妻と子供がかち合うこととなりました。……これ、想像するだけで恐ろしくないですか？

このように家庭裁判所での検認にはリスクがあるため、自筆証書遺言はできるだけ避け、もし、どうしても自筆証書遺言にこだわる場合は法務局の保管制度を利用しましょう。

## ▼遺言書は「公正証書遺言」で残す

遺言書は「公正証書遺言」にすることをおすすめします。

遺言者、司法書士証人が呼ばれ、読み合わせをしながら確認をします。事前に司法書士と公証人が遺言者の意思を書面に打ち合わせながら形式に落とし込みをしてくれるので、形式不備が起こりません。

また作成した遺言の主が亡くなるまで原本は公証役場で遺言を保管してくれるため紛失や偽造されることがなく安全で確実です。家庭裁判所での検認も必要ありません。

「いやいや、改正して法務局に自筆証明遺言を預けられるようになったことで、そのときに形式のミスがないかの点検が受けられるようになったし、紛失の恐れもなくなったから自筆証書遺言でもいいんじゃないの？」という人もいますが、それでも公正証書遺言をおすすめします。

**形式のミスだけでなく、相続をどう分けるかという内容も確認してもらえるからです。**

素人が自己流で考えた分け方と、プロが知識と経験をもとにして考える分け方とは全然違います。公正証書遺言をつくるとなると費用が20万〜30万円ほどかかります。それでも遺産の分け方の違いで相続争いが避けられて、さらに節税になるのですから、結果的に経済的にもプラスです。

## 遺言の内容に納得できないときは

### ▼相続人全員の合意があれば遺言を無効にできる

遺言書に不備がなければ、誰がどう相続するかは遺言書の内容が最優先となります。相続人のうちの誰かが「この遺言書の内容は納得できない」と言っても通りません。

しかし例外があります。

**相続人全員が「この遺言書は納得できない」と合意した場合は、遺言書を無効にすることができる**のです。

例えば、100坪1億円の評価の自宅の敷地があり、相続人は長男と次男。被相続人は長男と同居していたにもかかわらず、遺言書で「自宅は次男に譲る」と書いているケースがあったとします。

居住者である長男の取得にしておけば、小規模宅地等の特例（141ページ）が利用できるため土地の評価額が8割減して2000万円になり、非常に大きな節税効果があります。

このケースでは「長男が自宅を取得して、次男はほかの土地か現金を取得したほうがいい」と相続人全員が同意するのではないでしょうか。

このように取得した人によって税額負担が変わってしまう場合などは、相続人全員の合意があれば、遺言書は「参考」ということにして、遺産分割協議書を作る方法に切り替えることもできます。

## ▼取り分があまりにも少ないときには遺留分侵害額請求

「遺言が残されていたけど、私の取り分が少な過ぎる！」

「〝相続財産をすべて知人へ譲る〟という遺言があったが、納得ができない！」

遺言内容が最優先されると前述しました。が、このように遺言内容に傾りがあり、本来、遺産を受け取る権利のある人の取り分があまりにも少ないときでも、遺言が最優先されてしまうのかというと、実はそうではありません。

民法では、遺言があったとしても、奪うことのできない相続人の取り分である「遺留分」が用意されています。

兄弟姉妹以外の法定相続人、つまり**配偶者、子供、父母には「遺留分侵害額請求」という制度があり、ほかの相続人などから自分の遺留分を取り戻すことができる**のです。遺留分は法定相続分の2分の1（相続人が父母のみの場合は3分の1）です。

具体例をあげてみましょう。法定相続人が長女と次女だったとします。被相続人の遺言では、「長女にすべての財産である1億円を譲る」とあったとします。

そのとき次女はその遺言書内容が不服として、「遺留分侵害額請求権」を行使して、遺留分の金額を受け取ることができます。この場合、次女の法定相続分は2分の1ですので、【1億円×2分の1×2分の1＝2500万円】を長女から受け取ることができるのです。

以前の制度では「遺留分減殺請求」という名称でしたが、法改正により「遺留分侵害額請求権」に変わりました。

大きな違いは、改正前の遺留分減殺請求では原則として贈与や遺贈を受けた財産そのものが返還対象（現物返還）だったものが、金銭で支払うというルールに変更されたことです。

例えば相続財産に不動産が多く、土地を分割させたくないために1人の相続人に相続を集中させることがあります。このとき、相続人の兄弟姉妹から遺留分侵害額請求をされた場合は、相続人はその土地を売ってでも、遺留分にあたる現金を渡さなければいけない、ということです。

そのような事態にならないために、遺留分を請求されないように財産を分けたり、遺留分の手当ができるよう生命保険を活用したりといった対策が考えられます。

相続は一人ひとり違います。あなたの場合はどういった対策がいいのか、遺言書を書く際に専門家に相談してください。

## ▼考え抜いた遺言で想いを伝える

2019年、俳優の樹木希林《ききききりん》さんの相続法がテレビで話題になっていました。希林さんは、都内に複数の不動産を所有しており、財産は10億円以上あったといわれています。夫の内田裕也さんが亡くなった後のことまで考えて生前整理をしていました。

公正証書遺言で財産分与し、自分の意思を伝えていたので、残された家族には希林さんの想いが伝わり、円満な相続となりました。

希林さんの相続が素晴らしかったのは「うちは仲が良いからモメない」という前提ではなく「夫の内田裕也と娘夫婦がもしかしたらモメるかもしれないから事前に対策をしよう」と考えていたところです。

モメないという前提では、どうしても想定が甘くなります。

円満な相続を目指すなら、希林さんのように「モメる可能性がある」と想定し、しっかりと考え抜いた公正証書遺言を残すことが一番です。

しかしそんな遺言書は1人で簡単に作成できるものではありません。

やはりプロの手を借りたほうが無難だと思います。

遺言書の作成は、例えて言えば家を建てるのと同じような大事業だと私は考えます。

地震がきても倒れない、雨漏りもしない、プライバシーも守れる、収納があって、そこそこおしゃれで……といったごく普通の家を建てたいとき、建築会社に頼みますよね。安くあげたいからといって、ホームセンターなどで材料を買ってきて自分たちで作ることもできますが、それで満足のいく家が建つかといったら難しいでしょう。

遺言書も同じです。自己流の遺言書を残したために、使えたはずの税の優遇措置が使えずに何百万と税金が多くかかってしまったり、遺留分の請求で数百万の裁判費用がかかってしまったり……。プロに相談するお金をケチったために、逆に損をしてしまうケースが後を絶ちません。実にもったいないことだと思いませんか。

## ❷ こんなにも恐ろしい！「認知症」が相続に与える問題

### 認知症になる前に、できる限りの対策を！

不動産を持っている人が認知症になると大変です。

認知症になり判断能力が不十分になると、署名をして実印を押すような契約、入退居といった契約が基本的にできなくなります。さらに物件を売ったり、壊れた箇所の改修工事などが全部できなくなってしまいます。

そうなってしまったときのために「成年後見制度」という制度があります。けれど、これもなかなか相続人にとっては障壁となります。

#### ▼成年後見制度とは⁉

成年後見制度は、事前に後見人を選び、物忘れが増えたり認知症になってしまうなど自己判断能力が衰えてしまったときに、自分の代わりに契約行為をできるようにしたり、財産を守るサポートをしてもらう制度です。認知症などで財産管理能力を喪失した人の財産を保護するための制度ですので、この成年後見制度を利用している人がいま増えています。

ただ、この**成年後見制度には大きなデメリット**があります。

まずはコストです。司法書士や弁護士を後見人にすると平均的にかかる費用は月5～7万円。成年後見人を監督する成年後見監督人の費用が月1万円程度です。そのため成年後見人＋成年後見監督人で月7～8万円。7万円×12カ月で年間84万円かかることになります。もし認知症のまま10年間ご存命だった場合、８４０万円もかかるのです。

そのうえ、制約も多くなります。成年後見人をつけると、預金を下ろせない、ギリギリの生活費しか渡してもらえないなど聞いたことはありませんか？　これは本当です。成年後見人の仕事は財産を減らさないことだからです。

実際にあった話です。ある認知症のおばあちゃんがデパートで「このコートが欲しい」と思って「5万円のコートを購入したい」と後見人に伝えたものの「ダメ」という判断で、結局買えませんでした。コートぐらい買ってもいいじゃないかと思いますが、財産を減らすからダメなのです。

ほかにも、認知症になった親が所有しているアパートの外壁の改修工事をしたいのに、成年後見人が許してくれず、改修工事ができないことで価値がどんどん下がっていくのを指をくわえて見ているしかなかった、という例もあります。

成年後見人をつけないと、いろいろな人に迷惑がかかるので、つけざるを得ない。しかし成年後見人と後見監督人への報酬支払いは続き、老人福祉施設や医療費の支払い、大切な不動産の補修もできず、自分が相続すべき財産はどんどん減っていく……。そのような状態になってしまうと、「早く死んだらいいのに」という言葉が子供から出てしまうのも無理はないかもしれません。

よく「長生きリスク」と言いますが、本当の長生きリスクはこういうことなのです。

## ▼任意後見契約か民事信託をしておこう

そうならないために、**「子供が親に代わってさまざまな判断をしてもいい」という契約書を事前に作っておきましょう。**この場合の契約の形は2つあります。任意後見契約と民事信託です（図25）。どちらも本人の判断能力が低下してからは契約できません。物忘れが始まる前に、契約しましょう。

契約書の書式はインターネット上にもいくつかあります。それでも経験豊富な司法書士に契約書を作ってもらうのがいいでしょう。いくつかできることの項目を設定するわけですが、不動産売却に関する項目だけは絶対に入れることをおすすめします。

司法書士事務所に親子でそろって出かけるのが望ましいですが、おじいちゃん・おばあ

図25

## 成年後見と民事信託

| | 成年後見 | | 民事信託 |
|---|---|---|---|
| | 法定後見 | 任意後見 | |
| 目的 | 判断能力が不十分な人を支援する | 判断能力があるうちに将来に備えて自分の希望の内容で支援を依頼する | 認知症への備え、家族に財産を託す |
| 概要 | 判断能力が低下した人を守るため申し立てにより家庭裁判所が成年後見人を選任<br>成年後見人は生活のサポートや法律行為の代理などを行う | 判断能力の低下に備え、財産管理や身の回りの手続きを代行する人（身上監護人）を選ぶ<br>被後見人と任意後見人との間で任意後見契約 | 家族や親族が受託者となって財産の管理や運用を行う |
| 財産を管理する人 | 家庭裁判所が選任した成年後見人 | 任意後見人<br>家庭裁判所が任意後見監督人を定めて任意後見人を監督させる | 委託者の身内 |
| メリット | ・財産管理と身上監護どちらもできる<br>・判断能力が低下した場合の最終手段 | ・後見人や後見の内容を自由に決めることができる<br>・財産管理と身上監護のどちらもできる | ・自由度の高い財産管理<br>・亡くなった後の資産の承継についても設定できる |
| デメリット | ・成年後見人の選任から職務内容までほとんど自由がない<br>・成年後見人の報酬 | ・本人の判断能力が低下していると利用できない<br>・最低限の財産管理しかできない | ・身上監護ができない<br>・本人の判断能力が欠如していると利用できない<br>・詳しい専門家が少ない |

ちゃん1人だけでも相談できます。遺言書とセットで考えるのもいいでしょう。任意後見と民事信託のどちらがいいかはケースバイケースです。司法書士に相談してください。

費用としては、任意後見は25万〜30万円くらい、民事信託では平均100万円ぐらいかかります。安くはありませんが、成年後見人をつけることを考えると、安いですよね。

## ❸ 隠れ借金が発覚!

### 相続放棄の決断期間はたったの3カ月

財産のあるなしにかかわらず、借金問題は発生します。

**相続は「プラスのものもマイナスのものも、すべての財産を引き継ぐ」というのが基本的なルール**です。借金も財産の一種、負の財産ですから、借金だけを相続放棄するということはできません。

5000万円の評価がある土地を相続して2億円の借金があったら、どうしますか?

守らなくてはいけない実家や土地などがあれば、頑張って借金も引き継いで払っていく、という判断もあるでしょう。また、相続財産の総額よりも借金のほうが多いので実家をあきらめて借金も放棄する、と判断して「相続放棄」することもできます。

借金も含めてすべて相続するか、「相続放棄」するか、それとも「限定承認」をして、プラスの財産のなかから借金を返済して残ったものを相続するのか。

相続をするか相続放棄をするかどうかの決断は、一般的には相続開始を知ったときから3カ月以内にしなければなりません。3カ月が経過すると、自動的に「すべて相続する」ことに同意したとみなされます。

相続放棄は、手続きを家庭裁判所で行うことで、法律上正式に放棄したことになります。また、限定承認をする場合も、相続開始から3カ月以内に家庭裁判所で手続きが必要です。

ただし相続放棄は本人が「放棄する」というだけでは通りません。ある相続人が相続放棄した財産は、ほかの相続人が引き継ぐことになります。だからほかに相続人がいる場合は「放棄するよ」とちゃんとお知らせしないといけません。なかには、2カ月半で「私は放棄する」と伝え、相続人に嫌がらせをするというケースもあります。その場合、ほかの相続人は残り2週間でどうするかを決めなくてはならないのです。

夫と子供がいるBさんが借金を残して亡くなった場合、相続人は夫と子です。この2人が相続放棄すると、財産はどこへ行くかというと、亡くなったBさんのお父さん、お母さん。ご存命でない場合はBさんの兄弟姉妹。その兄弟姉妹が相続放棄するとその子供である甥と姪……という具合に移っていきます。

「おばさんは借金抱えているな、まあ自分には関係ないし」と思っていたら、ある日、いきなり借金が降ってきた、といったことも可能性としてはあるわけです。

相続させる側としては、「恥ずかしい」とか、「子供に知られたくない」といった心情になりがちです。でも借金の存在だけは先に教えておいてあげてください。

これに似ているのが結婚です。結婚する前に借金があることが分かっていたら、選択肢が変わるじゃないですか。結婚した後「数千万円、いや1億円の借金あるんだよ」と言われたら「え?」となりますよね。言わなかった理由が「恥ずかしかったから」なんて言われたら、ものすごく腹が立ちませんか?

借金という爆弾を隠したまま相続させることのないように、親の側から勇気を振り絞って伝えてください。

どうしても言えない場合は、最低限、遺言書には書いておきましょう。

また、もし親などの被相続人になる人が相続対策に乗り気ではないときは、相続人となる子供が相続対策をしなければいけません。そのとき子供の立場から親に「借金はあるの?」とは聞きにくいものです。それでも親のこれからの人生をより豊かにするために質問する、という方向性ならば切り出しやすいかもしれません。

「安心して長生きしてほしいから、借金があったら対策をしたいので教えてね」などと言えば話してくれる可能性があります。

生前に聞き出せなかった場合は、銀行からの借入であれば、通帳の履歴や残高証明で分かります。クレジットやローンは被相続人の財布にあるカードから推測して問い合わせることができるでしょう。もし預金が凍結されて支払いが引き落とせなければ、連絡がくるはずです。

分かりにくいのが個人間の貸し借りです。こればかりは親子間のコミュニケーションをしっかり取っておいてくださいとしか言いようがありません。

## ❹デジタル遺品で相続人が困惑！

### パソコンやネット上で死後に見られたくないものは削除手配を！

携帯電話やスマートフォン、タブレット、パソコンなどを日常的に使われている人は多いと思います。亡くなった人が生前に使用していたそのデジタル機器のなかに入っているデータ、使用しているアプリやサービスなどのことを「デジタル遺品」といいます。

持ち主が死亡した際に、このような機器に入っているデータ、例えば**ネット銀行やネット証券、仮想通貨などのデータにアクセスしたくても暗証番号やパスワードがわからないため、アクセスできない**ということがあります。これは結構つらいですね。意図せずに相続財産が隠されてしまうことにもつながりかねません。

手間や面倒を省くために、被相続人となる立場の親は、あらかじめ誰かに伝えておくか、エンディングノートなどに書いておきましょう。ただし他人に見つかって悪用されないように注意が必要です。

また、相続人の立場で、どうしてもパスワードがわからずアクセスできない場合は、デジタル遺品についての相談やデータ復旧の手助けをしてくれる団体、パスワード解除やSNSアカウント削除も代行してくれる会社があります。「デジタル遺品」という検索ワードでネット検索してみてください。

被相続人の立場として、自分の死後に見られたくないパソコンの中のデータがある場合は、どうしたらいいのかもお伝えしましょう。趣味の動画など、生前に楽しんでいるのはいいのですが、亡くなった後に親子夫婦でも見せたくない、見たくないものってありますよね。誰にも見つけてほしくないものがある場合は、「見ないで削除」をしてもらえるように手配をしておきましょう。

パソコン内やハードディスクのデータを削除してもらうためには、エンディングノートなどに「死亡した場合は中身を見ずに削除してほしい」という旨とID、パスワードを書いておく。または、信頼のおける友人や家族の誰かに、自分が死亡した場合のお願いをしておくといいでしょう。

ネット上に自分の情報を上げている人もいらっしゃるかもしれません。YouTubeなども、死後は自分では消せません。そのようなデジタルタトゥーと言われるようなものは自分自身のために残さないほうがいいでしょう。SNSも同様です。

アカウント主が死亡したときの各ＳＮＳの対応は次のとおりです。

・Ｉｎｓｔａｇｒａｍ　アカウント削除または追悼アカウント
・Ｆａｃｅｂｏｏｋ　アカウント削除または追悼アカウント
・Ｔｗｉｔｔｅｒ　アカウント削除、家族などが代理で運用するのは黙認されている
・ＬＩＮＥ　アカウント削除のみ

追悼アカウントへの移行は運営に申請します。追悼アカウントにすると、投稿内容はネット上にそのまま残りますが、誰もアクセスできない状態になるため、荒らしやなりすましを避けることができます。ＳＮＳについてもエンディングノートに書くか誰かに伝えておき、ＩＤとパスワードとともに、追悼アカウントへの移行依頼や削除依頼を託しておきましょう。

# ⑤自己流の相続税申告で自爆

## 不備が見つかると多額の追徴課税がかかる可能性大

相続税の申告書を自分自身で作成しようと考えている人もいらっしゃるかもしれません。でも、税理士に払う報酬を節約して穴だらけの自己流申告をしたことで、自爆してしまうケースが後を絶ちません。

自己流申告には次のような問題点があります。

**もれが発生しやすい**

例えばたんす預金が100万円出てきたら、「これくらい黙っていればバレないでしょ」と考えて相続財産から外してしまうかもしれません。でも、それはバレます。そもそも「バレないでしょ」という考え方がアウトです。意図的でなくとも宝飾品や美術・骨董品なども「よく分からないから、遺産に入れなくていいか」となりがちです。ほかにも保険金、定期預金の利息があります。また、収益物件についている団体信用生命保険に返戻金があるならば、支払いが被相続人だと財産になると記載が必要です。そのほか還付された介護保険料もそう。未経過部分の保険料は死後返還されるのですが、基本的にあるだろうと税務署も思うところなので、小さな額ですが財産として計上するべきです。

**計算方法が複雑で難しい**

相続税の計算と申告のルールについては国税庁のＷｅｂサイトで紹介しています。そのため自分で対応できると考える人がいますが、かなり複雑なため、なかなか理解が追いつきません。しかも税金のことですので、ちょっとした誤差も許されません。

**期日に間に合わない**

身内が亡くなった悲しみのなかで仕事や生活をしながら、慣れない相続税の計算をできる人はほとんどいないでしょう。相続税の申告書には「税務署は必ずここを見る」という絶対にもらしてはいけないポイントが複数あります。これらを同時に押さえて、しかももれや計算ミスがないような申告書を、申告・納税期限の10カ月以内の締め切りに合わせて作らなければなりません。プロでない人にとっては、非常に難しいことだと言わざるを得ません。期日が迫ってくると、「まぁこんなものでいいか」という気持ちになり、そのまま提出して、不備が発覚しがちです。

すでに説明しましたが、税金を期日までに納めなかったり、正しくない申告・納税をした場合、元来支払わなければいけない税金に加え、罰則の意味での追加の税金が課されます。

ちなみに特例や控除を利用したら相続税がゼロでも、申告は必要です。「そんなことは知らなかった」は通用しません。

## ▼自己流申告の追徴課税は平均300万円～400万円!?

「自己流申告でも税務調査が入らなければバレないはず」「たかが一家庭にわざわざ税務調査は入らないだろう」と考える人がいます。でも、絶対に税務調査が入ってこない保証はありません。

むしろ**税理士のハンコが押されていない自己申告はもれが多いため、ベテランが新人を連れて現場訓練的に使われるケースが見受けられます。**もちろん絶対に入るというわけではありませんが、調査が入りやすいのが事実です。

以前、弊社の税理士が「自己流の申告をして税務調査が入った場合、平均で約300万～400万円ぐらいの追徴課税がある」と言っていました。

平均というのは、財産の多い人も少ない人も含んでいるので、ケースによっては数千万円、億単位で追徴課税をされる人もいるということです。

多くの人が自己流申告に走ってしまう理由は、税理士事務所に頼むとお金がかかるからです。相続税の申告書の作成には数十万円の費用がかかります。でも追徴課税を取られることに比べたらマシだと思いませんか。

**ただ、プロにすべてお任せすれば安心かというと、100%丸投げ、お任せ申告というのはあり得ません。申告書作成にあたって必要な情報を伝えなければなりません。**

例えば賃貸借契約がある収益物件であれば、満室なのか満室でないのかで評価が変わります。お付き合いのある銀行だって通帳だけ見せてもらっても不正出金などは把握できないですし、家のなかに現金はどれだけありますかとか、どんなものがあるかとか……。いくらプロでも財産の中身については、聞かなくてはわかりません。税理士とは、一緒に申告をしていくパートナーと思って付き合っていけるといいのではないでしょうか。

## ほかにもある！　トラブルのもと

### 死亡前後にお金を引き出すのはNG

多くの人が、被相続人が亡くなる寸前、数日前などに銀行口座から多額の現金を引き出していています。口座が凍結される前に、お葬儀代をキャッシュで用意しているのだと思います。

これはダメとは言いませんが、きちんと理解してから実行していただきたいです。前提としてお葬式の費用は、相続税の申告時に相続財産から差し引くことができます。だから事前に口座から預金を引き出さなくても、後から対応することができるのです。

ただ、このことを知らなかったことで相続人と税理士の間ですれ違いが生じて、葬儀費用のためにお金を引き出した後の口座残高から、さらに葬儀費用を差し引いてしまうケースがよくあります。

亡くなる前に葬儀費用として200万円引き出していたとします。葬儀費用で200万円かかった場合、200万円分の預金が減った後に、税理士が相続税の申告時に葬儀費用として口座から200万円差し引いてしまうと、400万円のお金が減っていることになります。

これは、税務調査で指摘を受けるトップ3に入ります。多くの税理士は残高しか見てないので、相続人が税理士に伝えない限り、事前に葬儀費用が引き出されていることに気づいていないのです。

ちなみに民法が改正され、遺産分割前も相続人なら払い戻しは可能になりました。だからあわてて引き出す必要はなくなりました。そもそも保険金が下りる場合は、何も問題はありません。

また、被相続人の死亡後に銀行口座から100万円、200万円のお金を引き出して使ってしまった、というケースも多くあります。横領とか悪気があるわけではなく、何かと物入りの時期ということもあるでしょう。

でも、結局何に使ったかわからない使途不明金が出てしまうと、財産を分けるときにモメる火種となります。たとえ何千万円もお金がある人でも、たった50万円程度の使途不明金でモメたりします。

**亡くなった後に引き出す場合は、1円単位で何に使ったかの領収書を残し、リスト化す**

**るつもりで管理しましょう。**身内が亡くなった悲しみのなかで「領収書ください」とか「レシート捨てないように」というのは、精神的に厳しいかもしれません。そこは歯を食いしばって慎重になってください。相続財産は共有物、相続人みんなのものですから、本来はみんなに断りを入れて、開示しながら使っていくものなのです。

## 税務調査で突っ込まれる「名義預金」の4要素

相続税の申告漏れのなかで一番多いのが「名義預金」です。名義預金とは、亡くなった人の名義ではないけれど、亡くなった人の財産として申告に含めなければならない財産のことです。口座の名義は子供なのに、実質は親の財産という預金など、実際にお金を預金している人と口座の名義人が違う場合などがあてはまります。

相続税申告をする際に、この名義預金は非常にもれやすいです。そのため税務調査が入れば、必ずといっていいほど突っ込まれます。もし名義預金が見つかったら、追徴課税や延滞税などペナルティーの対象となります。

「黙っていれば大丈夫でしょう」と思いがちですが、税務署も家族全員の預金通帳を最長10年さかのぼって参照するなど、名義預金を見つけようとしてきます。

名義預金か否かは資金源、管理、意図、使用の有無の4つで判断されます。

(1)資金源

「長男さん、3000万円預金がありますけど、このお金の出どころは、どこですか？」

大学生の子供が3000万円の預金を持っていたらどう思いますか？　それは、親かおじいちゃんおばあちゃんが渡したものだと思いますよね。誰かがお金を渡していた。つまり贈与の申告漏れか、名義預金のどちらかだろうと思われます。

(2)管理

名義人になっている子供が通帳を持っていても、印鑑とカードをお父さんが持ったままだと、実質的にお金を使える人はお父さんです。管理が移動していなければ、名義預金だろうと疑われます。

(3)意図

管理は子供であっても、なぜお金を渡したのかという意図も見て、判断します。

例えば父親から子供の銀行口座に1000万円振り込んでいて、これを「借りていた」という場合の判断は、税務署次第です。

### ⑷使用の有無

年間100万円ずつもらっていても使っていなかったら、ただ預けているだけとなります。使ってほしいから贈与にしているわけですよね。ただ持っていてほしいからあげる、という理屈は通りません。「預けているんですよね？」と判断されてしまいます。

「おじいさんからもらったお金だから大事にしておきたい」というのは分かります。とっておくにしても、まったく使わないのは不自然です。携帯電話料金や電気料金の引き落とし口座に入れてもらって、引き落としをされるようにするなどしておきましょう。

そもそも贈与は何のためなのでしょうか。

多くの相続の専門家が、「節税のため」で思考停止してしまっています。ただ置いておいてもお金の価値はありません。贈与するのは、若い人がお金を使って人生を充実させながら、経済を回し日本をもっと元気にするため、といったら大げさでしょうか。

# 第6章

# 40年ぶりに相続法が大改正

改正

# ❶ 残された配偶者の生活を守る制度が新設「配偶者居住権」

1980（昭和55）年以来、40年もの長い期間にわたって改正されなかった相続税法ですが、時代の変化によって実態にそぐわない部分も多くなってきました。

そこで2019（平成31）年に民法（相続法）が大きく改正されました。この章ではどのように改正されたのか、それが実際の相続にどのように影響するかをご紹介します。

## ▼「配偶者居住権」で、妻は自宅に住み続けられるようになった

最初に、「配偶者居住権」という新しく創設された権利についてご紹介します。

配偶者居住権とは、被相続人の配偶者が相続開始時に被相続人が所有している、もしくは被相続人と配偶者が共有する建物に居住していた場合に、一定の要件を充たすと終身または一定期間その建物を「無償」で使用および収益することができる権利です。

改正前は、自宅が被相続人名義で所有されていた場合、残された配偶者は自宅の土地と建物を相続しない限り、住み続ける権利が保障されていませんでした。

そのため配偶者が家を相続しても生活費に不安要素が残ったり、相続税を支払うために

住み慣れた家を売らざるを得なくなってしまうケースが少なくありませんでした。

このような配偶者の生活リスクをなくすために、今回の改正で**「配偶者居住権」が新設され、たとえ残された配偶者が自宅の所有権を有していなくても、そのまま自宅に無償で住み続ける権利が保障されるようになりました。**

具体的には改正によって、自宅を「所有権」という1つの権利から、「配偶者居住権」と「所有権」の2つの権利に分けて相続できるようになりました。「居住権」は「所有権」に比べて、より廉価に見積もられるため、相続しやすいものです。

「居住権」を配偶者が取得することで、住む場所を確保することができるようになったわけです。配偶者居住権は遺言書による贈与か、遺産分割協議により取得する必要があります。また他人に権利を主張するためには登記をしておかなければなりません。

「所有権」は配偶者以外の人でも手にすることができます。しかし配偶者が「配偶者居住権」を登記すれば、所有権を持つ所有者は、勝手に自宅を売却することはできません。配偶者が住み続けることを阻害する権利はないのです。

具体例をあげてみましょう（図26）。Aさんは、自宅を所有する夫を亡くしました。

夫の遺産は、評価額3000万円の自宅と、預貯金4000万円の計7000万円。法

図26

## 配偶者はそのまま自宅に住み続けられる！「配偶者居住権」

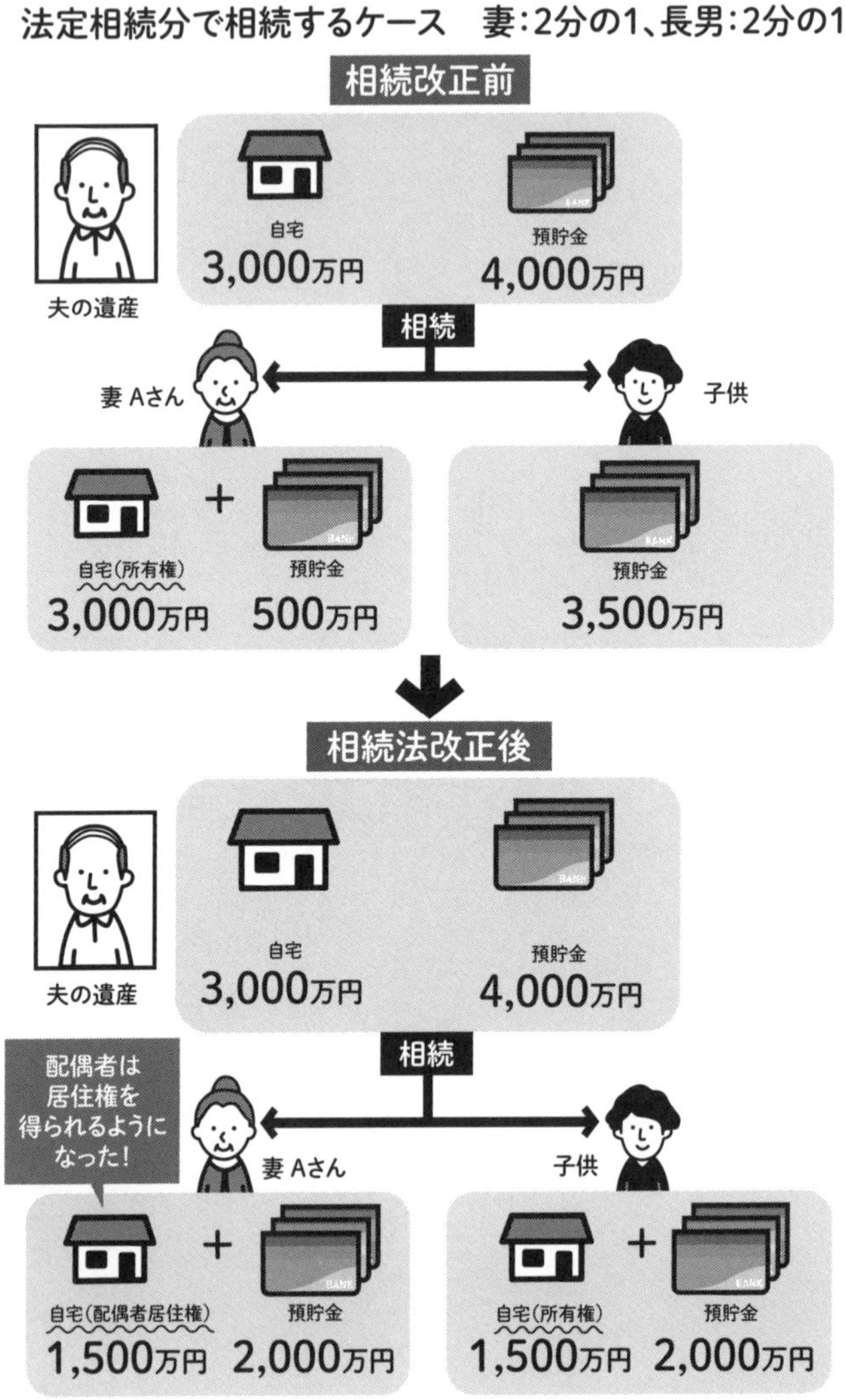

定相続人は、妻であるAさんと子供の計2人です。遺言書はありませんでした。
法定相続分に従って相続することになった場合、Aさんは2分の1、子供は2分の1で、それぞれ3500万円ずつを相続する権利があります。

**【改正前】**

改正前は、Aさんが自宅に住み続けたいとなれば、3000万円の自宅を取得する必要がありました。そのため、Aさんと子供の取り分は、それぞれこうなります。

**Aさん**：自宅（所有権）3000万円＋預貯金500万円
**子供**　：預貯金3500万円

自宅に住み続けられるものの、預貯金の取り分は少なく、今後の生活に少々不安を抱くものでした。
しかし改正によって「配偶者居住権」の権利ができたため、改正後の取り分は次のように変えることができるようになりました。

**【改正後】**

**Aさん**：自宅（配偶者居住権）1500万円＋預貯金2000万円
**子供**　：自宅（所有権）1500万円＋預貯金2000万円

図27

## 二次相続時の配偶者居住権の扱い

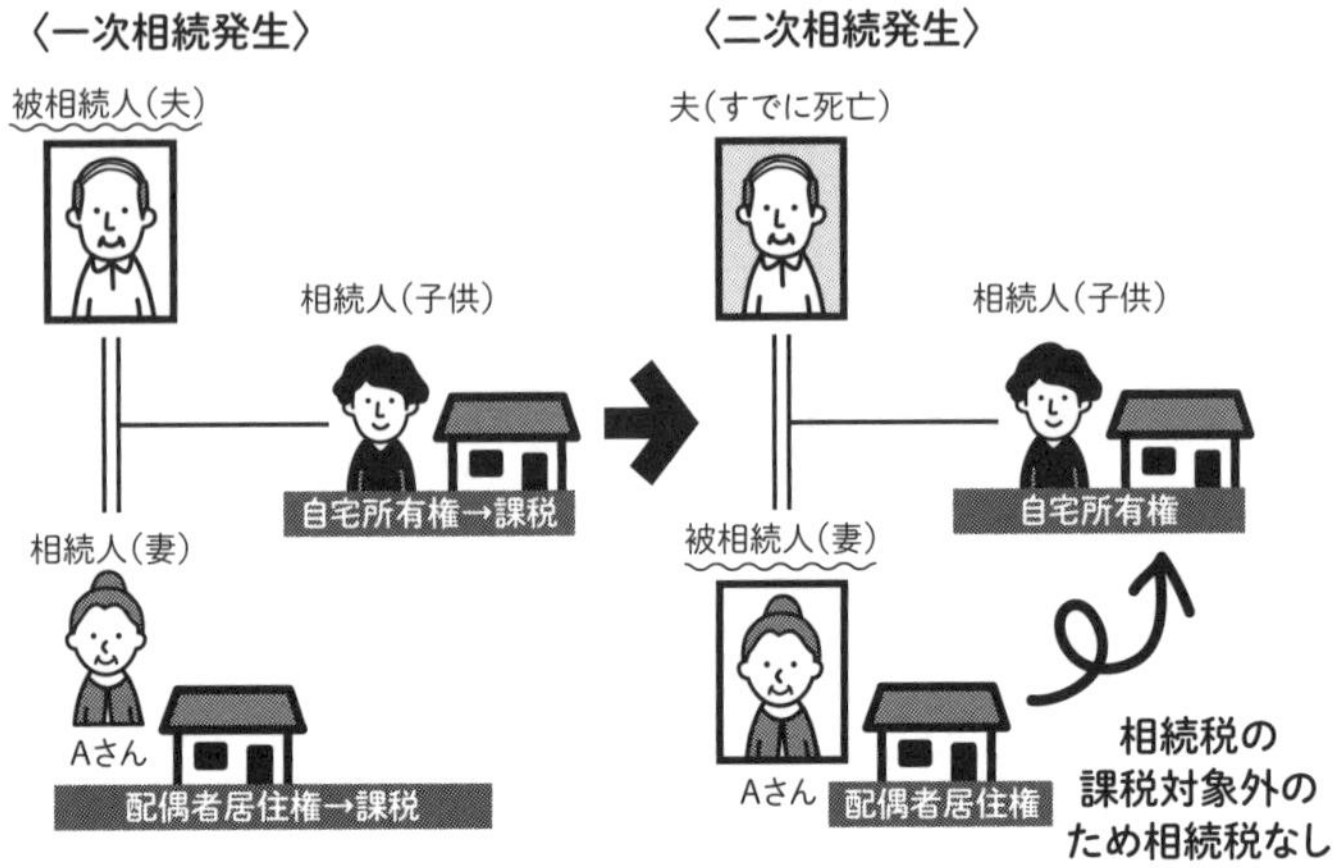


Aさんは、預貯金を多くもらえることで、生活リスクを感じることなく、自宅に住み続けることができるようになります。

また配偶者居住権を設定すれば二次相続で相続税の節税が可能です。

「配偶者居住権」の権利は、あくまで配偶者にだけ認められた特別な権利です。そのため残された配偶者が亡くなると消滅します。ただし所有権は移転しないため、相続において自宅は課税対象とはならないのです（図27）。

### ▼「配偶者短期居住権」の創設

もうひとつ、今回の改正で「配偶者短期居住権」も創設されました。

これは被相続人の配偶者が自宅の所有権を有

していない場合でも、遺産分割が確定するまで、最短でも相続開始から6カ月間引き続き住み続けることができる権利です。

仮に配偶者が住宅の居住権を相続できなくても一定期間、無償で住み続けることが可能となります。

## 改正2 結婚して20年以上の夫婦であれば自宅を相続の対象外にできる

### ▼婚姻期間20年以上の夫婦への優遇措置

**20年以上連れ添った夫婦が、夫婦間で住居を生前贈与した場合、その家は遺産額から除外されること**が、改正によって決まりました。つまり被相続人から、その配偶者にわたった家は相続分には含めず、家を除いたほかの遺産を相続人で分け合う形になります。

先ほどの例で考えてみましょう。妻であるAさんが被相続人である夫から、自宅の生前贈与を受けていた場合は、自宅はそのままAさんのものとなり、自宅3000万円分を相続財産に加える必要はなくなったということです（図28）。

**Aさん**：預貯金2000万円　＋　（自宅3000万円）←自宅は相続財産に含まれない

図28

婚姻期間20年以上の夫婦は自宅が相続対象外

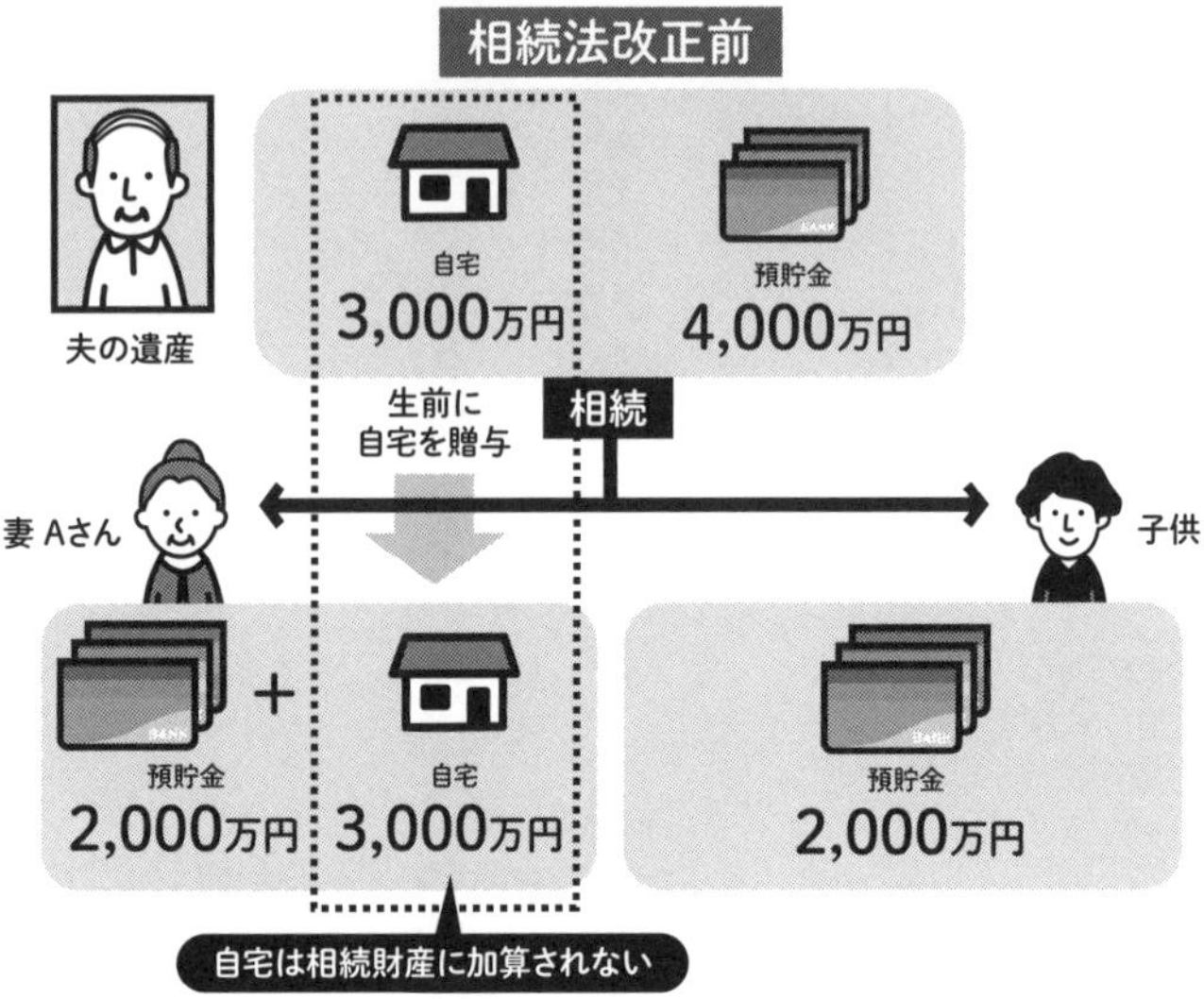


子供　：預貯金2000万円

## ▼居住用不動産の贈与等をしたときの配偶者控除措置

またほかにも、婚姻期間が20年以上の夫婦の間で自宅の権利または新たに住宅を購入するための資金として配偶者に贈与が行われた場合、基礎控除110万円のほかに、最高2000万円までを控除（配偶者控除）できる特例があります。

相続が発生して、配偶者の相続財産が1億6000万円だった場合、配偶者の税額軽減内の1億6000万円と先に渡した2000万円で、計1億8000万円の財産が無税になるのです。

2020年4月から配偶者居住権（配

偶者が亡くなった後も、残された配偶者が引き続き自宅に住み続けられる権利）ができたので、この控除の意味は薄くなった印象はあります。しかし**新たに住宅購入資金を贈与する場合には大きな節税**となります。また、「先に渡せるものは渡しておいたらいいじゃないか」という考え方もできます。

## 改正3 自筆証書遺言を法務局で保管できるようになった！

### ▼財産目録はパソコンでの作成ＯＫ

これまで、すべて自筆で書かなければいけなかった自筆証書遺言の「**財産目録**」**は、パソコンでの作成も可能**となりました。

しかし「遺言がパソコンで書けるようになったんだ！」と喜ぶのはまだ早いです。パソコンで書くことができるのは「財産目録」だけで、肝心の誰に何を残すかという遺言の本体は、これまでどおり自書でなければなりません。

土地はどこにあるとか、銀行の普通預金にいくら入っている、定期預金にいくら入っているといった、相続財産を一覧にした目録のみがパソコンで作成できるようになったので

図29

## 自筆証書遺言と公正証書遺言の比較

| | 自筆証書遺言 | | 公正証書遺言 |
|---|---|---|---|
| | 自宅等で保管 | 保管制度を利用 | |
| コスト | 無料 | 安い | 数万円から |
| 保管 | 自宅等 | 法務局 | 公証役場 |
| 検認手続き | 必要 | 不要 | 不要 |
| 紛失や変造の可能性 | あり | なし | なし |
| チェック | チェックなし | 形式のチェック | 形式と内容のチェック |
| メリット | いつでもどこでも手軽に作れる | 法務局で保管してくれるので安心 | 公文書として強力な効力 |
| デメリット | 内容・形式に不備が発生しやすい | 本人が出頭して手続きが必要 | 2人以上の証人が必要 |

す。

ただし、データとしてクラウドにアップしておく、パソコンのハードディスクやUSBに保存してあるといったものは認められません。プリントアウトして、すべてのページに署名、押印が必要になります。

### ▼法務局で自筆証書遺言を保管可能に！

また、5章でも紹介したように、全国の法務局で「自筆証書遺言の保管制度」が始まりました。

これまで自宅で保管されることが多かった**自筆証書遺言を、法務局が保管してくれる制度**です。大まかな内容を比較表にまとめました（図29）。

この制度には次のようなメリットがあります。

・遺言書の紛失・亡失がない
・家庭裁判所の検認手続きが不要

・遺言者の死後50年、データとしては150年間保存される
・生前に遺言者が指定した人物に相続の発生を知らせてくれる

まさに、公正証書遺言と自筆証書遺言のいいとこ取りといえるでしょう。

ただし、法務局でチェックするのはあくまで形式のみで、遺言の内容までは精査してくれません。節税対策が十分ではなかったり、相続争いになりそうな分け方をしていても、そのままの遺言書で預かってしまうため、できれば公正証書遺言を選択したほうがいいでしょう（167ページ参照）。

自筆証書遺言で進めたい場合は、手続きの前に遺言書の内容を相続の専門家と一緒に精査することをおすすめします。

改正

## ❹ 義理の親の介護をした人に報いる「特別寄与料制度」の創設

改正前は、夫の親の介護をしても、妻には相続上の権利は認められていませんでした。それまで必死に無償で義理の親の介護をしてきたのに、いざ相続になると、何もしてこなかった義理のお姉さんが出てきて、「あなたは相続人じゃないから」と蚊帳《かや》の外にされて

しまっていたのです。

これではあまりに不公平があることから創設されたのが、「特別寄与料制度」です。**被相続人の介護などを「相続人以外の親族」が無償で行ったとき、お世話をした親族が相続人に対して金銭の請求をできる**ことになりました。

……でも、実際にこの特別寄与料を主張されたことは私の周りの現場では一度もないです。現実問題として「使いづらい」、後で「親戚と気まずくなりそう」などという理由があるからだと思います。

改正

## 5 口座凍結後も相続人なら預金の払い戻しが可能になった

改正前は、遺産分割が終了するまでの間は、相続人単独では預貯金等の払い戻しができませんでした。そのため預金口座凍結の前に、亡くなった人の口座からあわててお金を引き出して葬儀代金など当面の支出に備えるのが生活の知恵（?）でした。

しかし今回の改正によって、預金口座が凍結されても一定期間は相続人が払い戻せることになりました。

**払い戻せる金額は1銀行あたり、【預金残高 × 3分の1 × 払い戻す相続人の法定相続

**分】で、最大150万円まで**です。

法定相続人が長男と次男で、被相続人の預金残高が600万円だった場合、長男と次男はそれぞれ100万円の払い戻しを受けることが可能です（600万円×3分の1×2分の1）。

払い戻しを受けるには金融機関に、相続人であることを証明する法定相続情報、自分自身の本人確認証、それから故人の通帳、カード、印鑑を持参します（銀行によって必要なものは異なることもあります）。

なお完全に凍結を解除するには、遺産分割協議書または遺言書が必要です。

## 改正6 遺留分制度の見直し

### ▼遺留分の権利を金銭債権化

2019年7月1日から、遺留分減殺請求権が、遺留分侵害額請求権に変わりました（遺留分についての説明は176ページ）。

遺留分減殺請求権が贈与や遺贈を受けた「財産そのもの」を返還するという「現物返還」

が原則とされていたのに対し、遺留分侵害額請求権では、遺留分を侵害された場合、その侵害を取り戻すための権利が「金銭の請求のみ」に変更になりました。

これによって何がどう変わったのかは、イメージがわきづらいかもしれません。具体例をあげてみましょう。

遺産は土地・建物の評価額6000万円で、法定相続人は長女と次女の計2人というケースがあったとします。

被相続人は遺言書を残していました。その遺言書には「長女に財産である土地・建物（評価額6000万円）を相続させる」とあったとします。

次女はその遺言内容が不服だとして、長女に対して遺留分侵害額請求権を行使しました。次女が遺留分として請求できるのは、法定相続分の2分の1ですので、1500万円分を遺留分として請求することができます（【6000万円 × 2分の1（次女の法定相続分）× 2分の1 ＝ 1500万円】）。

**改正前は、請求権を行使した「現物そのものの返還」が原則**となっていました。

そのためこのケースでは、遺産の土地建物のうち、長女が4500万円分、次女が1500万円分を所有することになります。これでは、共有財産（共有名義）となってしまい、個々の判断で売買などをすることができなくなります。

　このような問題を回避するため、**「物」の返還の権利を原則としていた内容を改正して、すべて「金銭」での返還を求める遺留分侵害額請求権**になりました。共有での所有を免れることができるようになったのです。

　遺留分侵害額請求を行使された人は、すぐに支払い分の金銭を準備できない場合は、裁判所に対し、一定期間は猶予を申し立てられます。それでもだめなときは土地建物を売らないといけないことになります。

### ▼生前贈与の遺留分は相続開始前10年以内に限定

　また、遺留分の制度でもうひとつ見直されたことがあります。

　従来の相続法では、相続人が被相続人から生前に受けた特別受益、いわゆる生前贈与などの、一部の相続人が被相続人から受けた利益については、期限が区切られておらず、遺留分の算定にどこまで含めるかが争点になることが多くありました。

　例えば、20年前に贈与された留学資金が、遺留分の基礎となる財産に含まれてしまうなどということがあったのです。

　そのため期限を区切り、**〝生前贈与〟の場合、遺留分の対象財産になるのは〝相続開始**

**前の10年間まで〟に限定**されることになりました。

ちなみに、遺留分侵害額請求権には時効があります。相続開始および遺留分侵害の事実を知ったときから「1年以内」に遺留分を請求しなければ権利を失います。

これは相続開始や遺留分侵害を知らない場合でも同様で、相続開始のときから10年経過すると請求できなくなってしまいます。

# 第7章

# 今すぐ知りたい相続トラブルQ&A

# 相続でよくある質問と回答

Q01
「よくある相続トラブルを教えてください」

A01
**「〝分けられない〟と〝払えない〟というトラブルが多くあります」**

相続のトラブルにはさまざまなパターンがありますが、よく相談があるのは、「**財産を分けられない**」「**相続税を払えない**」です。

「財産が分けられない」のは、次のようなケースがあります。

・土地など大きな財産があって均等に分けられない
・長男などに財産が偏って、ほかの相続人が納得をせず、遺産分割協議が進まない
・被相続人が誰に何を残したかったのか明確にしていなかったため、推測で遺産分割協議が進んでいる

「相続税が払えない」のは、現金がないからですね。

〝財産が土地ばかりで現金がない〟というケースが多いです。

そのほかのトラブルとしては、次のようなことがよくあります。
・介護した人などがお金を使い込んだと疑われている
・兄弟姉妹の仲が悪く、話し合いにならない
・配偶者の税額軽減、小規模宅地等の特例など、使えると思った税金の優遇措置が使えない。

本書では、これらのよくある相続トラブルを回避する方法をお伝えしてきたつもりです。よろしければ家族・親族の皆さんと一緒に読んで、相続トラブルを避けるにはどうしたらいいのかを話し合っていただければ幸いです。

## Q02 「相続税対策は何歳くらいから始めるのがベスト?」

## A02 「発症年齢には個人差がありますが、必ず認知症になる前に始めてください!」

**認知症になってしまったら、相続税対策に必須の「贈与」ができなくなります。**

「認知症になったなんて言わなきゃバレないでしょ」と思っていても、税務調査では聞き取りや調査、病院などを調べるので、隠しても必ずわかってしまいます。

今すぐにでもできる早めの対策としては、「贈与」と「生命保険」でしょう。

生きるために必要なお金まで贈与してしまったら本末転倒ですから、自分が生きていくための資金はある程度確保した上で、相続税対策をしている状況が望ましいです。

## Q03
## 「余命あとわずかで時間がない！　緊急時の相続対策はどうしたらいい？」

## A03
## 「節税は310万円贈与と不動産小口化商品がおすすめです」

ご病気などで、余命宣告をされた場合。残された1年……場合によっては半年や3カ月という短期間で節税できるのが、孫など相続人以外への310万円贈与（123ページ）と不動産小口化商品です（152ページ）。

そして、少しでも時間があるならば、残しておきたいのが遺言書です。

時間がないからこそ、残された家族がモメないように、また想いを伝えるためにも、遺言書は書いてほしいです。

## Q04
## 「親が急に亡くなった！　なのに相続対策を何もしていない。どうしたらいいの？」

## A04

**「しっかりお別れをしてから、税理士事務所に相談をしてください」**

親御さんが急に亡くなったら、まずはきちんとお葬式をして心の整理をつけましょう。

そして四十九日のころには相続に詳しい税理士事務所に連絡しましょう。必要な手続きやすべきことについて教えてくれます。

## Q05

**「自分で申告しても大丈夫ですか?」**

## A05

**「大丈夫ではありません。専門家に相談を!」**

税理士に頼らずに自分で対策をする! という人もいますが、決して得策ではありません。

申告そのものはできないことはありませんけれども、自分でやってもあまりいいことはないでしょう。時間もかかるし手間もかかるし、書き直し書き直しで嫌になってきます。

そしてもし間違いがあるままで申告してしまうと、税務調査が入り、追徴課税をされる可能性もあります(191ページ)。

相続税の申告・納税期限は、被相続人が亡くなってから10カ月以内という短い期間です。

時間と労力、それから正確さを考えたら、やはり税理士に頼んでしまったほうがいいのではないでしょうか。期限が限られているなかで、銀行の口座を調べ、土地を評価し、有利な規定が使えるかどうかを判断するのは、初心者には難しいと思います。

税理士は税務署の人がチェックをしやすいような見せ方、勘違いしやすい事項の対策、財産のもれがないようチェックする箇所など、数をこなしているプロだからこそ分かっていることが多くありますので、相続トラブルを回避することができます。

ただし、税理士のなかには相続に詳しくない人もいます。頼れる税理士の見分け方は、52ページを参考にしてください。

## Q06 「遺産をきちんと公平に分けたいです」

## A06 「公平・平等よりも〝納得感〟が大切です」

「きちんと」「公平」という言葉はくせものだと思います。

財産がすべて現金だったらきっちり分けることはできますが、現実にそんな相続はほとんどありません。

兄弟姉妹は長男長女もいれば末っ子もいます。それぞれ年齢も性格も違います。それにもかかわらず、親と過ごした時間をきっちり同じように公平にすることはできないですよね。

相続できっちり公平・平等というのは、同じくらい難しいです。

でも、〝公平・平等〟にはできなくても、〝納得〟を目指すことはできます。

例えば、兄は「妹のようにお父さんに肩車はしてもらえなかったけど、釣りに一緒に行ったな」、妹は「お兄ちゃんだけ大学に行かせてもらってずるいと思っていたけど、私はずっと好きなピアノを習わせてもらっていたな」と思うような、そういう納得感です。

「公平に」という考えはいったん置いておいて、譲り合いながら、相続人がみんな納得感を持てる分け方を探していただきたいです。

## Q07 「相続で損をしないためには、どうしたらいい？」

## A07 「全員協力、先手必勝、肉を切らせて骨を断つ」

自分だけの損得ではなく、被相続人、相続人などが損をしない相続、つまりモメない相続を目指すのが第一です。

自分はほかの相続人よりも多く相続してもらおうとしたために、親族間でモメることになり、相続の手続きや節税に協力的でなくなり結果的に損をすることになってしまったり、親族の縁が切れることによって、相続後に頼ることができなくなる可能性があります。

損をしたくないなら、相続人**全員で協力して先手必勝**で進めていきましょう。

亡くなる前に相続の専門家に相談して、将来の予想図を描いてもらって突き進むのがいいと思います。

うっかり相続をしないためにもうひとつ大事なことは、**相続に関する知識をある程度持っておく**ことです。さまざまな優遇措置や節税方法がありますが、そもそも知らなければ使えません。

だから書籍などで基礎的な知識を得ることが必要です。その上で、自分の相続の場合はどうなるのかを具体的に知るためには、やはり相続の専門家に直接聞くのが一番です。

また、相続税の節税の考え方の基本は「肉を切らせて骨を断つ」です。**支出ゼロの相続税節税対策はありません**。

152ページで紹介した不動産小口化商品も現金を払って購入しますし、生命保険も現金を払って加入するものです。現金は必要です。もしも財産が土地がほとんどで現金が少しという状況であれば「ここは持ってなくてもいいかな」という土地を売って現金にかえておきましょう。土地を現金にかえてしまうと、所得税を多めに払うことになるかもしれません。ですが、そもそも納税資金がなければ、相続時に困ることになります。所得税を払っても、相続税のための軍資金としましょう。

## Q08 「生前対策で気をつけることは？」

## A08 「優先順位をつけて、三方よしの相続を目指しましょう」

冒頭からお伝えしているように、相続対策には優先順位があります。

①モメないようにする（争続対策）、②払えるようにする（納税対策）、③税金を減らす（節税対策）の順です。

節税対策から入るのは間違いです。

節税から入ると、節税になるからといって、とりあえず財産の大部分を建物にかえてしまうなどといった対策を取ってしまいがちです。

確かに不動産にかえたことによって相続税は節税できるでしょう。でも「節税ができてよかった」とは、きっと相続人の誰も思いません。不動産は分けにくいし、ある程度の現金がなければ納税資金が足りず、相続税を払えなくて困ってしまうことになります。善かれと思ってやったことが、モメる火種となってしまう恐れがあるのです。

「モメない」というのは「スムーズに分けられる」ということでもあります。分けやすい財産は、例えば不動産5割、現金5割といったようにバランスが取れているものです。これだと、現金があるから相続税は払えますし、不動産で節税をすることもできます。

**税金を減らすことより、モメない、払えることのほうが優先順位として高いことを忘れないでください。目指したいのは、被相続人、相続人、国のすべてにメリットがある「三方よし」の相続です。**

モメさせないようにするためには、相続させる親の側から相続の話題を切り出すこと、子供など相続人と一対一で話を聞くこと、遺言書とエンディングノートを用意することです。

## Q09 「親に相続の話を持ちかけるには?」

## A09 「兄弟姉妹でモメたくないんだよと、SOSを出してみては?」

親に対して相続の話はなかなか切り出しにくいものです。

「相続が……」「財産が……」というと「まるで死ぬのを待っているみたい」と怒らせたり悲しませたりしてしまうこともあります。

そこで「お父さんが亡くなった後、兄弟姉妹でモメたくないから決めておいてほしい」と子供のほうが頼ってみてはいかがでしょうか。

内心では親も気になっているはずですから、相続について真剣に考えてくれるはずです。

## Q10 「すでに家族が相続でモメていて収拾がつきません」

## A10 「弁護士に相談をしてください」

すでにモメているなら自分たちで何とかしようとはせずに、誰かに間に入ってもらいましょう。当事者同士だと収まらないし、余計なことを言ってこじれてしまいやすいです。

相続でモメたために身内から嫌がらせを受けたり、危害を加えられたりすることも珍しくありません。

大金がからむからモメることになると考えているかもしれませんが、何度も書いたように金額は問題ではありません。兄弟姉妹間のモヤモヤや幼いころから親族間で積み重ねてきた不満が、相続をきっかけに爆発することもあります。

身内の話だからといって自分たちで何とかしようとしないことが大切です。一番いいのは弁護士です。プロが客観的にアドバイスをしたら、納得することもあるんですよ。

## Q11 「エンディングノートって書いたほうがいいですか?」

## A11 「相続人のためにも、自分自身のためにも、書いたほうがいいです」

**遺言書には書き切れない想いや、伝えたいことを書き残すためにあるのが、エンディングノート**です。エンディングノートは法的効力はありませんが、できれば書いておきましょう。

お墓の場所やわが家の家紋、お葬式に呼んでほしい人の連絡先などもエンディングノートに書いておけば、残された家族は安心です。たまにチェック欄を設け、読んだ家族にやるやらないを任せるエンディングノートを見かけますが、これはやめましょう。必ず「やること」を示してください。

エンディングノートは自分自身の備忘録にも役立ちます。銀行口座の詳細や暗証番号やパスワードなど忘れたら困ることを書いておくと、生前は便利に使え、死後は家族のためになるので一石二鳥で安心です。

ときどき大学ノートやチラシの裏などに書いておく人がいます。これでは何がどこに書いてあるのかが分かりにくいため、インデックスの付いた市販のエンディングノートを購入して、書くことがおすすめです。

## Q12 「遺言でできること、できないことを教えてください」

## A12 「できることは被相続人の意思を伝えること、できないことは〝その次まで〟を指定することです」

遺言では自分が亡くなったときの財産の分け方を指定できますが、その次までの指定はできません。

例えば、遺言で自分の財産は長男に譲ることはできても、その長男が亡くなったときの財産の行方までは指定できません。

土地に関しては、長男の次は孫に継がせたいなどの場合は、あらかじめ指定した人に順次承継されるよう定めた「後継ぎ遺贈型受益者連続信託」を使うと、次の次ぐらいまでは指定することも可能です。

Q13
「遺言書の書き方を教えてください」

A13
「財産は特定できるように書く、しかし金額は書かない」

**誰に何を残すのか、財産が特定できるように書いてください。**

「畑は次男に」と書いてあっても「どこの畑？」といった感じになってしまいます。「○×銀行△△支店の口座番号0000は太郎が相続する」「◎◎証券の●●の株式については二郎が相続する」という感じで、できる限り特定ができるようにしてください。

◎円とか◎株といった、金額や個数は書かないでください。もちろん相続税評価額も書いてはいけません。金額が変わるため、遺言のその部分が無効になってしまう恐れがあります。

遺言書の書き方を知りたいときに相談すると一番安心なのは、司法書士です。書き方を教えてくれます。

Q14
「遺言書って書き直したほうがいいの？」

A14

## 「2〜3年に一度書き直すのがおすすめです」

一度書いた遺言書はその後撤回してはいけない、なんていうことはありません。生きていれば誰でも周囲の環境が変化しますよね。社会も変わりますし、財産も相続人の状況も気持ちも変わってきますから、書き直しましょう。おすすめのスパンは2〜3年ごとです。

Q15

## 「遺言と現状が合わない場合はどうなるの？」

A15

## 「相続財産が増加していた場合は分け合い、なくなっていた場合は、ゼロです」

生きていれば預貯金を使ったり、新しく財産を買ったり売ったりします。その結果、遺言書と現状が違ってくる可能性があります。

「●●銀行の普通預金は誰々」と遺言にはあるけれども残高がゼロだった……というように、遺言書に書いてある財産がなくなっているときは、そこだけゼロです。ほかの財産を代わりに、という決まりはありません。

逆に遺言書に書いていない財産があった場合は、相続人間で話し合い、どう分け合うか決めます。

Q16
## 「相続人でない人に財産を渡す方法は？」

A16
## 「遺言書に書いて遺贈するのがおすすめです」

相続人でない人に財産を渡す方法はいくつかあります。節税をしつつ少しでも多く渡したいなら、遺言書に書いておくといいでしょう。2番目の方法としては「贈与」、3番目に「養子」、4番目に「生命保険」です。

遺言がおすすめなのは取得原因が遺贈になるからです。贈与税ではなく相続税になるほうが、税率が有利になります。

ただ法定相続人の遺留分を超えるほどの多額の遺贈をしようとすると、遺留分の侵害額請求をされてしまう可能性が高いのでバランスを考えましょう。

その次の方法は生きているうちに渡す「贈与」です。贈与税はかかりますが、子供と孫に贈与する場合は、さまざまな優遇措置を利用することができます。

「養子」は心理的にモメる原因を作りやすいので注意が必要です。

「生命保険」の保険金の受取人にする場合は、どんな税金がかかってくるか調べてからにしましょう。

## Q17 「遺言執行者には誰がなるの？」

## A17 「基本的に誰でもなれます。いなくても大丈夫」

遺言執行者とは、その名のとおり遺言の内容を執行する人です。

遺言書の内容を正確に実現するのが役割です。ただし遺言執行者がいなくても通常ならば、遺言どおりに相続が進みます。どうしても確実に遺言内容を守ってほしいときに指定します。

資格などは不要で、未成年者、破産者でなければ誰でも遺言執行者になれます。けれど個人では負担が重くなることが考えられるため、税理士法人や司法書士法人などの士業の法人のほうがいいかもしれません。また、遺言執行者は相続人全員に遺言の内容を伝えなければならないという義務があります。

Q18

「代表相続人は立てるべき？」

A18

「代表相続人に負担が集中しないように気をつけて」

複数の相続人がいる場合、相続人の意見をとりまとめたり、役所の窓口で手続きをしたり、税理士事務所等と打ち合わせをするのが代表相続人の役割です。

税理士事務所としては複数の相続人と話をするよりも1人が窓口になってくれたほうが助かります。でも、話がすべてその代表者のフィルターを通ってしまうため、ほかの相続人がどう思っているか直接は分からないというデメリットはあります。また、手続きの負担が代表相続人だけにかかってしまわないよう、相続人の間で役割分担について話し合うことも忘れないでください。

Q19

「相続欠格や排除になったら財産を相続できないの？」

A19

「はい。できません」

被相続人に対して違法行為があった場合は相続権を失います。

### ⑴相続欠格

相続を自分にとって有利になるように違法行為を行った場合に、相続人としての地位が剥奪されることです。欠格になるのは次のような行為があった場合です。

・故意に被相続人又は相続について先順位もしくは同順位にある者の生命を侵害した
・遺言書が自分に有利になるよう被相続人を強迫して作成・修正させた
・遺言書の偽造・変造・破棄・隠匿をした

欠格が発覚した時点で自動的に相続権がなくなります。

### ⑵相続排除

被相続人に対して虐待行為や侮辱行為をした場合、または相続権のある人、つまり推定相続人に対して著しい非行があった場合に、該当の相続人から相続権の一切を剥奪《はくだつ》することです。排除は被相続人が家庭裁判所に請求します。遺言で排除することも可能です。

排除になった場合は一切の相続権がなくなるため、遺留分も認められなくなります。

## Q20

「〝みなし贈与〟ってなんですか？」

## A20

**「贈与とみなされて、贈与税がかかってしまう行為です」**

贈与の意思はなかったのに贈与とみなされて、贈与税がかかってしまう行為です。「贈与」とは無償で財産を与えることです。「みなし贈与」とは、財産を無償で与えるのではなく、「安く売る」や「負債を肩代わりしてあげる」など、相手に利益を与える行為が、相手に財産を与える贈与であったとみなされて、贈与税がかかってしまうものです。

「みなし贈与」の場合、当事者たちに贈与をした認識がないことが多く、贈与税の支払いをしていないケースが多く見られます。

自宅を不当に安い金額で売る、借金の肩代わりをする、生命保険の受取人にすることなどが、みなし贈与と判断されます。具体的には時価5000万円の土地を、子供に1000万円で特別に売る。これは時価のおおむね50％以下で売ってはいけないという低額譲渡にあたり、差額の4000万円がみなし贈与と判断される可能性があります。

## Q21

「借金も相続しなくてはいけないの？」

A21

## 「相続するかしないか、選べます」

借金を相続するのが嫌なら、「相続放棄」をすることができます。相続放棄をするかどうかを選択できるのは、相続開始日から3カ月までの期間です。家庭裁判所に相続放棄の申述をしなければ、自動的にプラスの財産も借金などのマイナスの財産もすべて相続することになります（単純承認）。

相続した財産から被相続人の借金等を弁済して、余った財産を相続するという「限定承認」という方法もありますが、現金や不動産だけ相続して借金は相続しない、ということはできません。

借金の総額と財産の総額を比べて考える人が多いです。けれど相続は財産を受け継ぐことであって、本来は損得で考えるべきことではありません。相続財産のなかに絶対に失いたくないものがあれば、借金を抱えてでも相続すればいいと思います。

価値のある財産を引き継ぐのであれば、きちんと債務も受け入れましょう、ということです。

## Q22 「LGBTカップルが相続で損をしないためには?」

## A22 「遺言書でつながるというのは、どうですか?」

今の日本の法律では、同性同士のカップルは婚姻関係になれないため、どちらか一方が亡くなってしまった場合でも、残された人には相続権がありません。

養子縁組をする人もいますが、対等な関係ではなく親子関係になってしまうのに抵抗がある人もいるでしょう。私はLGBTの方に相談をいただいたら、「お互いに遺言書を書いておくのはどうでしょう」と提案しています。

77ページで「タスキがけ」の遺言書について書きましたが、それと同じです。財産の多《た》寡《か》よりも、お互いが相手に対して公的な公正証書遺言を残すことが大切なのではないでしょうか(相手とお別れしたときに遺言を書き換える手間はかかりますが)。

希望があれば、2人で特別養子縁組を組んで、産むことはできないけど養子に入れるのであれば、その子も交えた遺言書に書き換えるとか、工夫次第でいい相続プランがつくれますので、ぜひ相談してください。

## 円満な相続を目指すためのステップ

ここまで、節税対策、納税対策、争族対策、相続トラブルを招きやすい事柄、相続トラブルQ&Aなどについてお伝えしてきました。

「ちゃっかり相続」を成し遂げるためのルートを理解して、自分のため、親族のために、円満な相続を目指して前向きに進めていこうと思っていただけたのなら、著者にとってこれ以上の幸せはありません。

相続はひとつとして同じものはありません。

円満な相続という目標は同じでも、条件や問題点はそれぞれ異なります。

それは、山頂に至るまでのルートがいくつもある登山にたとえるとわかりやすいかもしれません。

ゴールは、相続税の申告と納税です。

まとめとして、相続対策を進めるステップをお伝えします。ぜひ参考にしてください。

## ▼(1)生前対策（事前の準備）
## ――遺言書作成、生前贈与、任意後見契約、不動産小口化商品

登山の前にリュックのなかに何を入れていくかで、登りやすさや命の危険に対するリスクが変わるように、相続も生前対策がその後を決めると言っても過言ではありません。

自分に合った相続対策をするためには、まず進む方向を知ることです。そのためには「相続税の試算」をしてください。

そして、争族にならない誰もが納得するような分け方を考えて、相続人とともに話し合ったことを、「遺言書」と「エンディングノート」に残してください。

相続税の納付のために必要となる「現金」も確保して、余計な相続税を相続人が支払わなくても済むように節税策として「生命保険」などに加入しておいてもいいでしょう。

これらを事前にしっかりと準備しておけば、安心して歩みを進めることができるでしょう。

**地図（ルートを示す）＝遺言書**
**コンパス（進む方向を知る）＝相続税の試算**
**水筒・非常食（なくてはならないもの）＝現金**
**帽子・雨具（万が一に備える）＝生命保険**
**カメラ（思い出を残す）＝エンディングノート**

### ▼(2)相続準備──相続人の確認、財産の状況確認（評価）、相続問題解決

相続の初心者はどこに問題があって何をどう進めればいいのかを、いちいち確かめながら進まないといけません。そんなときに頼れるのが、相続を知り尽くした案内人の存在です。

相続で悩んだときは、税理士などのプロに話を聞

くのがおすすめです。

自分の法定相続人は誰になるのか、財産の状況はどうなっているのか。調べてくれるだけでなく、相続のトラブルになる可能性がある火種がどこにあるのかなど、客観的な意見も聞くことができます。

## ▼(3)相続手続き——相続税の申告・納税、遺産分割協議、相続放棄

素人だけで山を登り始めると、思わぬトラブルが起こったときに対処できない可能性があります。道に迷ってしまったり、霧が出てきたり、通りたい道をふさぐように木が倒れていたり、引き返すこともできない状況になってしまうかもしれません。

相続も同じです。相続税の申告手続きで迷ってしまったり、遺産分割協議でモメて思うように進めることができなかったり、相続放棄をしようと思っていたら、いつの間にか期限が過ぎてしまっ

ている、などというトラブルが発生する可能性があります。

相続税の申告・納税の期限は相続開始日から10カ月しかありません。遭難してしまったり、下山できなくなる前に、まずは専門家に相談してみましょう。

## 円満に「ちゃっかり相続」するために、生前から準備を!

相続のことを書いた本や雑誌には「分け前」とか「取り分」とか「得する」とか「損する」といった言葉が躍っています。もし、自分の財産を妻や子供が取り合ったりすると考えたら嫌ですよね。「もらえるものはもらう」「法律上の権利だ」などと言い争う姿を想像するだけでつらくなります。

特に、自分の子供たちが奪い合い、互いに争うことは避けたいことだと思います。

「きょうだいは他人の始まり」ということわざもあります。私は少額のお金で骨肉の争いに発展する事例を数多く見てきました。

頻繁に連絡を取り合い、一緒に飲みに行ったり、仲良く旅行していた兄弟姉妹が、たった数個の残された指輪をどう分けるかだけで不信感を持ち合い、仲たがいのきっかけになってしまうのが相続です。

相続トラブルをきっかけに、お互いが心の底から憎しみ合い、口も聞かなくなり、絶縁状態になってしまうのです。

兄弟姉妹間の相続トラブルは、親が亡くなってから起こります。親は何も知らずに亡くなるわけで、その後、子供たちが醜い争いを繰り広げて不幸になっていくのです。

読者のなかには、「相続の話はまだ早い」と感じている人がいるかもしれませんが、家族が仲良く暮らしていくためには、早過ぎることはありません。

事前に相続について備えておくことが重要です。

「きれいに分ける」ことを目指して、元気なうちから準備しておきましょう。

一般的に「きれいに分ける」と聞くと、丸いケーキやピザのようなものをぴったり3等分などという状態をイメージするかもしれません。しかし遺産分割の場合は、全員が納得して取得することができたという状態が「きれいに分ける」ということです。

相続にかかわるすべての人が納得して、円満に笑顔で相続を終えるのです。

「きれいに分けられたね」という相続をするためには、被相続人の立場として生前からいろいろと考えて、家族に話を聞いて、誰も欲しいと言わないものは処分して現金にして、それを預貯金か定期預金に入れて、遺言書を書き、「○○銀行の定期預金は誰々に相続させる」と割り振っておくといいでしょう。

ここまでやれば、財産を引き継ぐ人たちも、「自分が欲しい思い出のもの」＋「お金」が、それなりに納得いく形で、それぞれの手元に届くことになります。

きれいに分けるには、相続させる側（被相続人）の行動がすべてです。

きれいに分けられる人は、きれいに賢く生きた人ではないでしょうか。

「終わり良ければすべて良し」ではないですが、最期がよければ、良い思い出も悪い思い出も、すべて良い思い出に変えることができるでしょう。

最後の最後に、とてもきれいに分けておいてくれたら、残された子供たちは「お父さんお母さんは、私たちのことを、こんなによく考えてくれていたのね」と思えるのではないでしょうか。

# おわりに

私がこの本を書こうと思ったのは、ちまたにあふれる相続の本が、あまりにも相続の「現場」から遠いところで書かれていると感じたからです。

書類や数字に表れないところに、相続のリアルがあります。

「うばい合えば足らぬ　わけ合えばあまる」

相田みつをさんの言葉です。

仏教の精神を表した言葉ですが、これは相続の本質だと感じます。

分け合える家族は、税金が減るので余ります。でも奪い合うと、なかなか決まらないために、せっかくの優遇措置を使えなくなってしまう。結局、余計な税金を払わざるを得なくなって、その結果、財産が減ってしまう。

気持ちとお金はどこかで通じているのです。

「相続は、お金の勘定と心の感情だ」

こちらは、私の師匠の言葉です。

お金と心、どちらをないがしろにしても、幸せな相続は成立しません。

お金の勘定だけでは世知辛《せちがら》いし、気持ちだけでは回らない。

相続で大切なのは両者のバランスです。


相続は大切な財産の引き継ぎです。

会社で誰かが辞めれば、ほかの誰かが代わります。いきなりバリバリやれる後任者もいるでしょうが、やはり準備と時間、コミュニケーションが必要です。

相続も同じです。渡す側と引き継ぐ側が「相手はこう思っているはずだ」で動いては、うまくいくはずがありません。

幸いにして、この本を手に取った「あなた」には、まだ時間があるはずです。

相手はどうしたいのか、お互いがまだ生きているうちに、聞かせてもらうことから始めてみてはいかがでしょうか。


最後になりましたが、税理士法人エール代表税理士の永江将典さんに出版の機会をいただいたこと、そして相続だけを専門に活動をさせていただけていることに、あらためて感謝の念を伝えさせていただきます。

妻の相良千里。平日、休日を問わずお客様の相談に対応する私を、一番近くで応援し、支えてくれていることに、感謝しかありません。

両親の相良明男、相良知子。人一倍の紆余曲折を経て、私が人生の課題と向き合い、成長し、今日に至るまで、支えてくれたことに感謝しています。

私の恩師である、大原簿記情報医療専門学校名古屋校税理士科の磯部佳史先生には、学生時代、相続とは何かを基礎からしっかりと教えてくださり、ありがとうございます。

本書の作成につきましては、天才工場の吉田浩さん、編集協力の大川朋子さんには、初めてお会いしたときから数々のサポートにご尽力いただき、感謝しています。

編集協力の曽田照子さんには、執筆に際し、素晴らしいアドバイスとヒアリング力でサポートしていただき、この本を書き上げることができました。誠にありがとうございます。同じく、編集協力の海老沼邦明さんには、細かい部分をサポートしていただき、ありがとうございます。

ビジネス社の唐津隆社長には、私に出版という世の中へ向けて発信する機会をいただき、本当に感謝しています。この場を借りて、心よりお礼申し上げます。

相良信一郎

2021年6月

[略歴]

相良信一郎（さがら・しんいちろう）

税理士法人エール名古屋支店勤務・相続鑑定士（税理士試験科目合格）

1984年、愛知県名古屋市生まれ。先進的エネルギーの研究をする大学教授の父とお琴の先生をしていた母の間に生まれる。高校一年生のときに生徒会の会計になり、ある女性税理士と出会い、数字とお金で世の中を良くする仕事につきたいと考えるようになる。その後、独学で勉強するため高校を中退し、17歳で大検を取得。専門学校で、税理士試験に5年間費やす。簿記論、財務諸表論、相続税法、消費税法などの全科目で、全国模試10番以内に入る。

祖母の相続で、争続を経験。小さな財産で家族がバラバラになることを身をもって痛感。それまでは税金をどう安くするかを一番の目的にして学んでいたが、これをきっかけに「家族がモメない相続」を生み出していきたいと決意。依頼者の心に寄り添い、家族間のトラブルを解決することができる仕事に興味を持ち、相続鑑定士の資格を取得。

税理士法人エール名古屋支店に入社。夜中でも無料相談に乗るというクライアントに寄り添う仕事ぶりで、クライアントからの絶大なる信頼を獲得。噂が広まり、現在は1年間で170件もの相続相談に乗っている。腕のいい税理士でも1年間で10件程度であり、その17倍もの件数をこなす。

最近では、3億円の相続税がかかるところを、税理士と一緒に合法的なアドバイスを行うことで、相続税を100万円にしたこともある。相続に関わる数字面は税理士に任せ、争相続にならない心の部分のサポートをメインで行っている。

海外の「バケットリスト」（棺桶目録）を知り、日本式の「幸せ相続」するための生前会議を「バケットプラン」（棺桶計画）と名付け、日本中に広めたいと考えている。


編集協力／吉田浩（天才工場）、大川朋子、曽田照子、海老沼邦明

知らないと損する うっかり相続のワナ

2021年7月15日　　第1刷発行

著　者　相良 信一郎
発行者　唐津 隆
発行所　株式会社ビジネス社
〒162-0805　東京都新宿区矢来町114番地 神楽坂高橋ビル5F
電話　03(5227)1602　FAX　03(5227)1603
http://www.business-sha.co.jp

〈装幀〉中村聡　〈イラスト〉森海里
〈本文組版〉茂呂田剛（M&K）
〈印刷・製本〉中央精版印刷株式会社
〈営業担当〉山口健志
〈編集担当〉船井かおり


ISBN978-4-8284-2290-9

ビジネス社の本

# こわいほどよくわかる新型コロナとワクチンのひみつ

近藤誠……著

定価1430円（税込）
ISBN978-4-8284-2269-5

**10代から高齢者まで**
**新型ワクチンを打つ前に読んでほしい、**
**メディアが伝えない一番「大事」な話を**
**著書累計400万部突破の近藤誠医師が**
**世界一わかりやすく解説！**

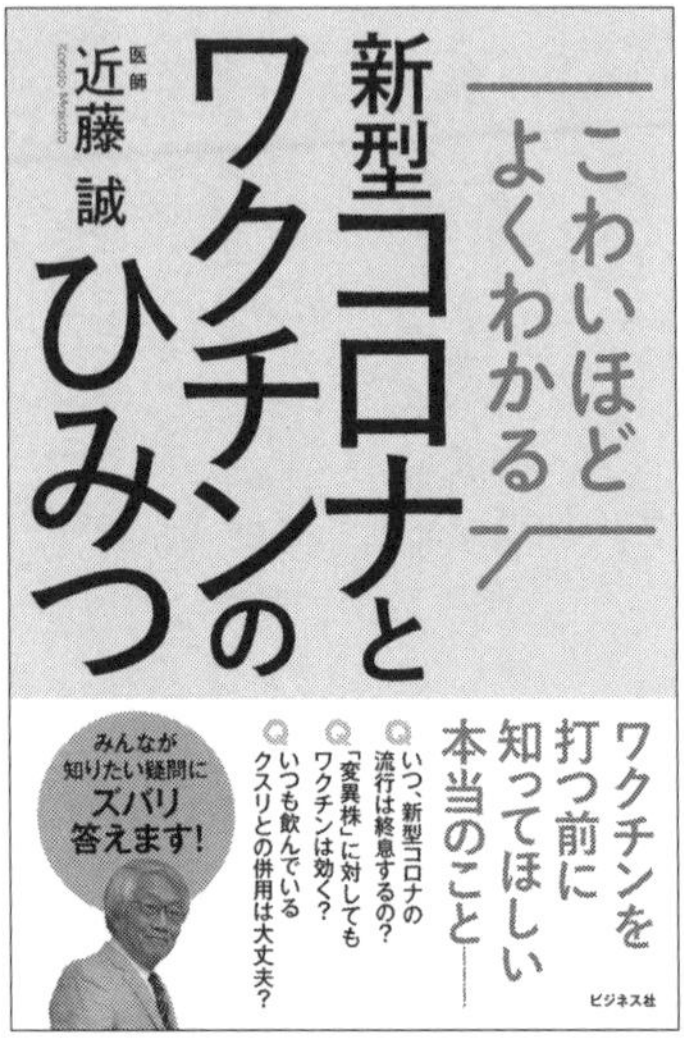


本書の内容